教育部人文社会科学研究项目（18YJC790046）的最终成果

JIANGSHI QIYE
DUI GONGYE JINGJI FAZHAN DE YINGXIANG
LILUN YU SHIZHENG YANJIU

僵尸企业对工业经济发展的影响

理论与实证研究

贺祥民◎著

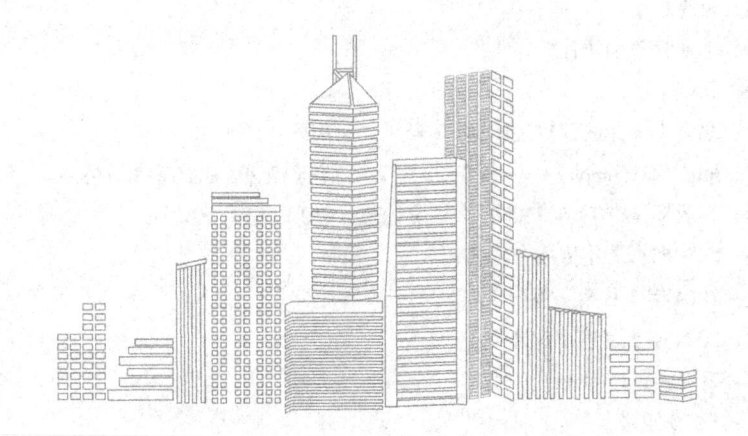

企业管理出版社
EMPH ENTERPRISE MANAGEMENT PUBLISHING HOUSE

图书在版编目（CIP）数据

僵尸企业对工业经济发展的影响：理论与实证研究/贺祥民著.—北京：企业管理出版社，2024.3
ISBN 978-7-5164-3038-5

Ⅰ.①僵… Ⅱ.①贺… Ⅲ.①企业经济–影响–工业发展–研究 Ⅳ.①F27②F403

中国国家版本馆CIP数据核字（2024）第053923号

书　　　名：	僵尸企业对工业经济发展的影响：理论与实证研究
书　　　号：	ISBN 978-7-5164-3038-5
作　　　者：	贺祥民
责任编辑：	赵喜勤
出版发行：	企业管理出版社
经　　　销：	新华书店
地　　　址：	北京市海淀区紫竹院南路17号　　邮编：100048
网　　　址：	http://www.emph.cn　　电子信箱：zhaoxq13@163.com
电　　　话：	编辑部（010）68420309　　发行部（010）68701816
印　　　刷：	北京虎彩文化传播有限公司
版　　　次：	2024年5月第1版
印　　　次：	2024年5月第1次印刷
开　　　本：	710mm×1000mm　　1/16
印　　　张：	13.75印张
字　　　数：	184千字
定　　　价：	68.00元

版权所有　　翻印必究·印装有误　　负责调换

前 言

僵尸企业自身盈利能力低下，却以低于市场最优利率的成本吸收了大量信贷资源，依靠外界输血而存活。这类企业不仅占用大量社会资源，而且效率极低，扭曲资本配置，破坏市场竞争机制，这样会对工业经济发展带来一定的负面效应，不利于地区高质量发展。

本书着重从僵尸企业对中国工业经济发展的不利影响入手，重点围绕僵尸企业对就业增长、创业、创造性破坏、绿色创新效率、创新持续性的影响效应进行考察。本书的逻辑思路是从理论研究再到实证检验，理论研究主要采用的是文献研究方法；实证检验将多种统计方法和计量方法相结合进行综合检验。实证检验共分九章，先研究僵尸企业对企业就业增长、城市加总就业的负面影响，主要内容是第三、第四章；第五章研究僵尸企业对创造性破坏的影响作用；第六至第十章检验了僵尸企业对创业、社会创业、出口绿色技术复杂度、绿色技术创新效率、创新持续性的影响效应；第十一章考察了全球价值链参与对企业去僵尸化的影响效应。

本书有力地从动态上拓展僵尸企业影响效应的理论及实证研究，为僵尸企业对转型国家的影响提供更深层次的解释。这对于拓展已有文献的研究结论，充实僵尸企业理论及完善经济发展理论的研究内容均具有重要的理论价值。可以为在中国情境下促进僵尸企业处置的制度设计提供理论基础，并为政府进一步进行供给侧结构性改革提供理论依据和实证支持。

感谢为本书出版提供帮助的同事，以及出版社的各位编辑老师。尤其要感谢我的先生，本书的完成与他的支持是密不可分的。

  由于本人水平有限及时间仓促，书中错误和不足之处在所难免，恳请广大读者批评指正。

贺祥民
2023 年 12 月

目 录

第一章 绪论 /1
- 一、僵尸企业的产生根源 ………………………………………… 1
- 二、广泛存在的僵尸企业 ………………………………………… 2
- 三、僵尸企业带来的经济后果 …………………………………… 2
- 四、本书的研究意义 ……………………………………………… 3
- 五、本书的结构 …………………………………………………… 3

第二章 僵尸企业对中国工业经济发展的影响：理论基础 /5
- 一、融资约束理论 ………………………………………………… 5
- 二、要素错配理论 ………………………………………………… 10
- 三、创业理论 ……………………………………………………… 17
- 四、就业创造理论 ………………………………………………… 20

第三章 僵尸企业对工业就业增长的影响
——基于水平和稳定性维度 /26
- 一、文献回顾与理论假说 ………………………………………… 27
- 二、模型、变量与数据 …………………………………………… 31
- 三、实证结果 ……………………………………………………… 33
- 四、结论、政策建议及讨论 ……………………………………… 40

第四章 产业多样性、僵尸企业与城市加总就业 /43
- 一、理论假说 ……………………………………………………… 44
- 二、实证模型、变量与数据 ……………………………………… 46
- 三、实证检验结果 ………………………………………………… 51
- 四、进一步的研究 ………………………………………………… 55
- 五、研究结论与政策启示 ………………………………………… 57

第五章　僵尸企业、产业集聚与创造性破坏 /60

一、理论分析···60

二、模型、变量与数据···64

三、实证结果···69

四、产业集聚调节作用的研究···73

五、结论与政策启示··75

第六章　僵尸企业对创业数量和质量的影响
　　　　——银行业竞争重要吗 /77

一、文献综述···79

二、理论假设···82

三、模型、变量与数据···85

四、实证结果···88

五、基于面板门槛模型的非线性检验···································95

六、结论与政策启示··97

第七章　僵尸企业、数字经济发展与社会创业 /100

一、理论假设···100

二、模型、变量与数据···102

三、实证结果···104

四、考虑数字经济发展水平的调节作用······························111

五、结论与政策启示··114

第八章　僵尸企业对中国出口绿色技术复杂度的异质性影响
　　　　——基于矩分位数回归的实证检验 /116

一、引言··116

二、理论分析与研究假设··117

三、模型、变量与数据···120

四、实证结果···123

五、垂直维度和行业加总维度的进一步检验·······················125

六、研究结论与政策启示··129

第九章　产业融合、僵尸企业与工业绿色技术创新效率 /132

　　一、文献与理论……………………………………………………… 133
　　二、核心变量构建…………………………………………………… 135
　　三、模型、变量与数据……………………………………………… 139
　　四、实证结果………………………………………………………… 142
　　五、研究结论与政策启示…………………………………………… 148

第十章　僵尸企业、空间集聚环境与企业创新持续性 /150

　　一、影响机制与理论假设…………………………………………… 150
　　二、实证模型、变量与数据………………………………………… 153
　　三、实证检验结果…………………………………………………… 157
　　四、研究结论与政策启示…………………………………………… 164

第十一章　全球价值链参与是否有助于企业去僵尸化
　　　　　　——基于 cloglog 模型的倍差法检验 /166

　　一、理论分析………………………………………………………… 166
　　二、方法、变量与数据……………………………………………… 168
　　三、实证结果………………………………………………………… 172
　　四、研究结论与政策启示…………………………………………… 180

参考文献 /182

第一章
绪　论

一、僵尸企业的产生根源

"僵尸企业"的概念最早是由 Kane（1987）提出的。它是指由于银行或政府的外部支持而没有破产的资不抵债、陷入困境的企业。僵尸企业现象在世界各地普遍存在，如日本（Caballero et al., 2008）、韩国（Hoshi and Kim, 2013）和美国（Hoshi and Kashyap, 2010）。僵尸企业同样存在于欧盟国家，葡萄牙和西班牙受到的影响最为严重（Storz et al., 2017）。银行掩盖不良贷款损失的不良动机被认为是"僵尸企业"出现的重要原因（Hoshi and Kashyap, 2010）。另一个原因是政府的监管放松和支持（Jaskowski, 2015）。在保就业压力下，为了保障社会稳定及促进经济增长，政府会放松监管，纵容银行的不端行为。一些地方政府干预银行信贷决策，以帮助企业应对金融危机；也有一些地方政府给予直接补贴，以帮助企业应对金融危机，从而延续了僵尸企业生存（Huang and Zhang, 2018）。

已有文献还从企业自身和对其他企业的溢出效应两个方面探讨了僵尸企业的影响。首先，僵尸企业本身占用了大量的信用资本、权益资本、劳动力等资源，而经营效率处于较低水平，这导致更高的全要素生产率损失（Banerjee and Hofmann, 2018）。其次，僵尸企业具有影响正常经营企业的溢出效应。在总资本有限的前提下，僵尸企业占用信贷资金会导致非僵尸企业的融资成本和融资难度增加（Kwon et al., 2015），从而抑制非僵尸企业的正常投资（Caballero et al., 2008）。僵尸企业往往采用降低产品价格和提高工人工资的恶意手段，严重扭曲了正常的市场竞争。这将使非僵尸企业面临较大的竞争威胁，并阻碍新的潜在市场进入者。

总的来说，中国经济和制度背景下的外部支持可能会扭曲僵尸企业的行为，从而放大其对经济发展的负面影响。僵尸企业往往得到了政府支持，大多数银行都是国有的，政府经常干预银行的信贷决策（谭语嫣等，2017）。例如，僵尸企业的有息负债从2009年的700亿元左右增加到2016年的4000亿元，增加了近5倍。此外，政府经常直接补贴僵尸企业。根据上市公司年报披露的数据，僵尸企业获得的政府补贴已从2009年的10亿元增加到2015年的105亿元，2016年累计金额已超过446亿元。在政府补贴和银行信贷的双重支持下，僵尸企业的数量和规模达到了较高水平（方明月等，2018）。

二、广泛存在的僵尸企业

什么时候一家企业就成了僵尸企业呢？僵尸企业的评价标准可以是非常宽泛的。一般来讲，企业长期缺乏盈利能力，这是一个判断僵尸企业的重要标准，尤其是当企业无法偿还债务时。第二个标准是年龄：年轻的公司可能需要更多的时间让投资项目产生回报，前期可能面临利润回报降低，甚至亏损，导致无法偿还债务。最后，低预期盈利能力是僵尸企业的另外一个重要特征，僵尸企业一般不仅目前盈利能力低下，预期的盈利能力也是低下的。

僵尸企业具有广泛存在性，在转型国家、发达国家和相对落后的发展中国家均广泛存在，而且进入21世纪以来，僵尸企业所占的比重有所上升，尤其是在出现经济危机时，僵尸企业所占的比重更高。Banerjee和Hofmann（2018）利用14个发达经济体的上市公司数据研究发现，僵尸企业所占的比重从20世纪80年代末的2%左右上升到2016年的12%左右，僵尸企业的累积是由于这些企业长期处于僵尸状态，而不是通过破产恢复或退出。

三、僵尸企业带来的经济后果

此前的研究发现，僵尸企业可能会削弱经济绩效（Caballero et

al., 2008; Adalet McGowan et al., 2017; 谭语嫣等, 2017; Wu et al., 2022)。僵尸企业缺乏生产能力, 并且可能通过锁定资源而排挤生产率更高的企业(所谓的"拥堵效应")。具体来说, 一方面, 它们通过竞争压低了这些企业的产品价格; 另一方面, 它们通过争夺资源, 提高了这些企业的工资和融资成本。

平均而言, 僵尸企业的劳动生产率和全要素生产率低于同行, 僵尸企业的生产率分布明显向低端转移, 即向左移动, 这在全要素生产率方面尤其明显。僵尸企业的增加对整个经济生产率的影响都是负面的, 一些研究发现, 一些国家僵尸企业比率的增加对于整体经济的生产率产生了显著的抑制作用(Banerjee and Hofmann, 2018)。

四、本书的研究意义

本书的理论意义在于: 区别于以往研究主要从创新、产业结构升级、环境治理等角度考察僵尸企业的负向作用, 本书的研究将有力拓展有关僵尸企业对转型国家的负向作用的理论及实证研究, 为深入考察僵尸企业的不利影响及产生影响的原因提供更深层次的解释。这对于拓展已有文献的研究结论, 充实僵尸企业理论及完善经济发展理论的研究内容均具有重要意义。还可以为在中国情境下促进僵尸企业处置的制度设计提供理论基础, 并为政府进一步进行供给侧结构性改革提供理论依据和实证支持。

本书的实践意义在于: 有助于政府评估目前僵尸企业的状况及其对经济发展的影响; 在当前深化改革开放、加快转变经济发展方式的攻坚时期, 及时出台各项有针对性的政策措施, 促进僵尸企业处置, 加快供给侧结构性改革, 积极提高经济发展水平; 落实创新驱动发展战略, 促进国民经济全面协调可持续发展。

五、本书的结构

本书包括理论基础和实证研究两大部分, 第二章僵尸企业对工业经济发展的影响为理论基础，主要介绍了与研究相关的理论，包括融资约束理论、要素错配理论、创业理论和就业创造理论。剩下的章节为实证研究部分，第三章为僵尸企业对工业就业增长的影响；第四章为产业多样性、僵尸企业与城市加总就业；第五章为僵尸企业、产业集聚与创造性破坏；第六章为僵尸企业对创业数量和质量的影响；第七章为僵尸企业、数字经济发展与社会创业；第八章为僵尸企业对出口绿色技术复杂度的异质性影响；第九章为产业融合、僵尸企业与工业绿色技术创新效率；第十章为僵尸企业、空间集聚环境与企业创新持续性；第十一章为全球价值链参与是否有助于企业去僵尸化。

第二章
僵尸企业对中国工业经济发展的影响：理论基础

一、融资约束理论

融资约束问题是企业生存和发展中面临的重要问题，尤其是中小企业。中小企业能够灵活地跟上不断变化的市场，对新的机会做出反应，并更快地适应经济的变化，比大公司更能抓住经济的上升机会。获得融资往往被认为是中小企业生存和增长的一个重要因素。

（一）融资约束的测度

融资约束的测度是一个学术上的难题，有论文使用了外部和内部资金成本之间的楔子（Kaplan and Zingales，1997）、投资的现金流敏感性（Fazzari et al.，2000）或公司的现金流进行测度。

投资的现金流敏感性可能不是金融约束的一个很好的代表，许多研究已经发现受限企业的投资对现金流的敏感度较低。这一观点得到Almeida 和 Campello（2007）的支持。研究表明日本企业对现金流冲击的投资反应具有非单调性。

其他研究建议使用事前进行的企业分类或构建指标来衡量约束程度，而这些指标又可以用股息支付率、公司自我评估、现金存量、杠杆程度、年龄和规模、机构等指标进行代理。

（二）融资约束与企业生存和发展的关系

企业，尤其是中小企业能否以其独特优势有效地为经济做出贡献，取决于企业能否生存。然而，众所周知，中小企业受到企业生存前景不佳的困扰，大约20%的初创企业会在进入市场的第一年退出市场，更多的初创企业会在接下来的一年离开市场；只有一小部分中小企业能够较好地走上快速增长的道路。在澳大利亚，24%的企业在前3年退出，只有39%的新企业最终达到了10年。

许多外部和内部因素决定了中小企业的预期寿命短或阻碍它们发展到最佳规模。这些问题包括但不限于融资障碍、税收、监管、腐败、犯罪、早期国际扩张和管理技能不足。根据来自经济合作与发展组织（以下简称经合组织）国家的国际证据，缺乏外部融资已被证明是决定中小企业企业活力的最直接的强有力因素。

1. 金融服务与企业动态

融资约束对企业进入市场、生存和增长的影响，与企业寻求资金支持的融资环境和企业可利用的财务资源是分不开的。已有研究表明，改善金融环境是促进企业度过融资约束引发的成长限制的最有效途径。

金融中介机构在决定融资约束对中小企业的负面影响程度方面发挥着重要作用。

这些中介机构对企业流动性是有帮助还是有损害，在一定程度上取决于金融服务体系的发展水平。有大量的文献表明，发达的金融服务体系可以缓解融资约束；金融服务体系不完善只会加剧企业面临的信贷约束。

利用来自欧洲中东部国家的调查数据，Pissarides（1999）发现并强调了信贷约束在阻碍企业部门增长方面的重要性，并将其归因于不发达的地方金融体系和缺乏适合企业的适当融资工具。《世界商业环境调查》也发现，中小企业经常将流动性约束列为经营和成长的主要障碍。Bukvic和Bartlett（2003）以斯洛文尼亚200多家企业为样本，进一步指出了高融资成本（如信贷和贷款成本、银行抵押品要求及其他银行收费和费用）是企业增长的主要财务障碍。澳大利亚企业的情况也是如此，获得融资，特别是科创融资，是他们面临的主要挑战。

融资渠道不仅会阻碍企业增长，在某些情况下还可能被用作阻止新企业进入的工具。Cestone和White（2003）提供了一个在位者选择金融工具阻碍其他企业进入的理论框架，结果表明现有的借贷关系可以操纵潜在投资者对新进入者的行为。当信贷市场不景气，缺乏竞争的时候，这种金融障碍对新进者来说就更加重要了。运用欧洲信息技术产业的企业数据，Moreira（2016）证实了扩大信贷可及性对企业增长的贡献。

2. 融资约束与企业创新

对于计划投资研发和创新项目的企业来说，融资约束问题更加突出。研发和创新所涉及的风险、结果的不确定性，以及对最终产品商业成功的怀疑加大了内部和外部融资成本之间的差距。而且，知识溢出导致的收益不完全可占性使情况变得更糟。

Himmelberg和Petersen（1994）在使用高技术企业的面板数据研究中发现，在这些企业中，研发投资对内部财务状况的敏感性强于一般资本投资的敏感性。类似的观点在其他研究研发投资的文献中也得到了呼应，研究显示，年轻的小企业在吸引研发和创新投资方面面临更大的困难，而大企业则受到的影响较小。

由于创新活动与生产率变化密切相关，对研发活动的财政补贴可以通过放松中小企业与创新活动有关的预算约束来影响中小企业的生产率。公共研发贷款和补助对企业研发密集度产生了挤入效应，从而提高了企业生产率。Caggese（2019）为金融摩擦与企业整个生命周期生产率增长之间的负向关系提供了新的经验证据。融资摩擦对一个经济体的整体竞争程度很重要，因为它们是进入市场的障碍，会削弱年轻企业的市场竞争能力和风险承担能力。

3. 沉没成本和企业动态

企业融资约束易感性的来源之一是由于建立生产和技术能力的成本很大程度上是沉没成本，沉没成本和生存能力的不确定性促使新进入者推迟进一步投资，直到初创企业显示出盈利迹象。这加大了企业在成立初期的融资约束问题。此外，缺乏规模经济使得初创企业不可能通过降低生产和交易的平均成本来弥补沉没成本。因此，企业进入时产生的高额费用成为企业生存和发展的另一个不利因素。

Fonseca 等（2001）通过检验创业成本对企业主雇佣决策的影响，从 OECD 的视角提供了创业成本与企业发展关系的证据。结果表明，较高的开业成本限制了业主雇用工人的积极性，从而阻碍企业的发展。作者还提供了一个理论解释，说明在一个市场上，高初始启动成本如何导致企业家减少，而工人获得更多报酬。这导致人们选择以雇员的身份进入市场，而不是以企业家的身份。

使用来自 36 个不同发展中经济体的数据，Gschwandtner 和 Lambson（2002）发现更高的沉没成本会导致在位企业更稳定，即更少的进入和退出，也会提高现有企业（无论大小）的存活率。相比之下，基于国内调查的面板数据集，Ghosal（2007）发现，对于美国制造业企业而言，较高的沉没成本造成了利润的不确定性，这种不确定的盈利能力导致小企业生存的机会降低，他还详细研究了沉没成本引起的利润不确定性对企业生存和企业规模分布的影响。研究结果支持了沉没成本越高，小企业生存概率越低，大型在位企业受到的影响较小的观点，认为对企业规模分布的总体影响意味着对大企业的偏向，由于沉没成本，使得小企业之间的自然减员更多。

（三）融资约束对企业就业、工资及生产率的影响

1. 融资约束与企业就业增长

融资约束限制企业的成长，必然影响企业的就业创造能力，进而影响就业增长。在金融收缩期间，如果工人在外部资金依赖程度较强的部门工作，那他们更有可能失业。对于小企业的工人来说，经济衰退对失业可能性的影响更大。

美国和爱尔兰均发现了信贷约束对投资和就业决策的抑制作用。Siemer（2019）发现，在 2007—2009 年经济衰退期间，美国的就业大幅下降，特别是在小型和年轻的企业。据作者估计，与大企业相比，融资约束使小企业的就业增长下降了 4~8 个百分点，使年轻企业的就业增长下降了 7~9 个百分点。

Berton 等（2018）利用丰富的工作合同数据集对就业进行了分析，他们将金融冲击的影响与来自意大利一个地区（威尼托）的企业数据及其贷款银行的数据相匹配，估计结果表明，就业对信贷供应冲击的平均弹性为 0.36，影响效应主要集中在那些签订临时合同的工人身上。

在澳大利亚，获得信贷的困难经常被列为企业竞争力、就业增长和工作质量的挑战之一。经验证据表明，受约束的企业倾向于计划大幅削减就业，以及减少资本支出。在经合组织国家，信贷约束的影响对于那些兼职或临时就业的工人来说，情况似乎更糟。

2. 融资约束对工资及生产率的影响

一般认为，融资约束将限制企业劳动力的工资水平，更会成为生产率增长的重要抑制因素。Tan（2009）选取智利跨越 14 年的中小企业随机样本对其融资支持干预进行研究，面板数据的随机选取和较长的持续时间使得本研究的识别相对干净。Tan（2009）研究发现融资约束的缓解对企业的工资和劳动生产率有积极影响。

虽然墨西哥的研究结果并不表明信贷放松计划对工资增长有强劲的影响，但他们证实信贷放松确实对中小企业业绩和就业的其他维度有显著的影响。从韩国的研究数据中可以得出类似的结论。外汇危机后，韩国政府为了促进中小企业的发展，引入了信用保证制度，Oh 等（2009）研究得出的结论是，这种政策变化与就业、销售和工资的增长有关。

西班牙传统中小企业支持计划的影响，表明支持性担保体系促进的信贷准入改善提高了企业生产率，研究结果发现，从担保支持体系中受益最大的企业是那些最弱的企业。与这些发现一致，Asdrubali 和 Signore（2015）利用 2005—2012 年欧洲各国的数据提供了进一步的证据。他们的研究发现，在发放担保贷款后的 5 年内，担保计划对中小企业受益者的就业、生产、盈利能力和生产力产生了积极和相对较大的影响。同样，微型和年轻的中小企业从担保计划中受益最大。财务受限的企业支付更低的工资，以换取未来更高的工资，这实际上是在向员工借款。

二、要素错配理论

生产要素的错配一直是国家间的生产率差异的主要解释之一（Hsieh and Klenow，2009；Bartelsman et al，2013；Jones，2016）。当生产要素（如资本和劳动力）在同一商品的异质生产者之间的分配受到扭曲影响时，就会发生错配。一些企业被征税，而另一些企业可能得到补贴。在这种情况下，生产要素分配不当导致较低的总生产率水平，因为经济没在有效的前沿运行。当企业层面的错配与企业层面的生产率水平相关时，对总体生产率的危害尤其大（Restuccia and Rogerson，2008）。经验证据表明，错配导致的生产率损失可能很大。

过去十多年间，许多国家经历了总体生产率放缓。可以看到，要素配置不当的增加可能是全要素生产率（TFP）增速下降的一个重要因素。最近，基于边际收入产品分散度的错配衡量的研究表明，要素错配在国家内部随着时间的推移而增加（Gamberoni et al.，2016；Gopinath et al.，2017；Calligaris et al.，2018；Bun and de Winter，2022）。

（一）要素错配的根源

当生产要素在企业间的配置扭曲时，就会发生错配。这种分配扭曲有许多原因，往往是政府政策造成的。例如税收、关税、限制、监管和不确定性等，例如关税和其他形式的贸易保护可能会扭曲企业之间的资源配置。Guner 和 Xu（2008）分析了规模依赖政策对产出扭曲的影响。另一个例子是，Misch 和 Saborowski（2018）认为，旨在减少接近国内边界的扭曲的潜在改革将使墨西哥各州的 TFP 增加约 13%。

金融摩擦通常被视为资本配置不当的一个重要原因（Banerjee and Duflo，2005；Bueraet al，2015；Gilchristet al，2013）。由于市场不完善，许多企业进入资本市场的机会有限，因此，它们依赖其他形式的融资。例如，Midrigan 和 Xu（2014）利用韩国制造业的工厂层面数据研究发现，借款限制导致 TFP 下降 4.7%。受到这种金融摩擦影响的企业通常规模较小，而且面临更高的借贷成本。

企业层面的不确定性通常被认为是一种影响企业投资活动的扭曲，这也是要素错配的根源之一。Bloom（2009）的研究表明，高不确定性会导致企业向高不确定性方向发展，可能导致暂时停止投资和招聘业务。活动的停顿就会导致各单位之间的投入再分配放缓，从而导致生产率增长放缓。David 和 Venkateswaran（2019）的研究表明，未来生产率的不确定性虽然显著，但只会使总体 TFP 降低 1%~3%。Hosono 等（2017）研究了不确定性对日本总 TFP 的影响，并且强调了产品差异化的调节作用，与商品差异化程度较高的行业相比，商品差异化程度较低的行业在不确定性较低的情况下可以获得更大的 TFP 收益（在 1.5%~6% 之间）。

产权也是要素错配的重要原因。发展经济学的一个悠久的传统，就是强调产权是影响资源配置和生产率的关键制度（Besley and Ghatak，2010）。土地改革在发展中国家很普遍（de Janvry，1981；Banerjee，1999），这是产权改革的一个重要例子。这种改革通常是与限制农场规模和限制土地市场将土地从大地主手中重新分配给无地和小地主家庭相关的。如 Adamopoulos 和 Restuccia（2015）研究了这样一个综合的例子，即研究了菲律宾的土地改革，他们采用了定量模型和面板微观数据，考察了改革前后的农场，发现改革大幅度降低了农场规模和农业生产率（分别降低 34% 和 17%）。消极的生产率效应反映了两者的选择效应和要素错配效应；而且全面强制执行农场规模上限将使得农业生产率下降一半。

许多文献认同贸易与市场竞争也是要素错配的重要原因。Pavcnik（2002）基于智利的一个微观层面的面板数据集，研究了在贸易壁垒大幅减少时期生产率的变化。她通过利用结果的差异，将贸易对生产率增长的贡献隔离开来，发现进口竞争/出口导向部门的工厂与非贸易部门的工厂之间生产率的差距提高了 19%，其中约 2/3 是由于资源从生产率较低的生产商转向生产率较高的生产商带来的。Trefler（2004）研究了《美国-加拿大自由贸易协定》的影响作用，并利用了受影响行业的异质性，发现扩张部门的生产率增长比收缩部门的生产率增长高出约15%。

Khandelwal、Schott 和 Wei（2013）研究了贸易改革的另一个具体阶段——2005年，美国、欧盟和加拿大取消了中国纺织品和服装的出口配额。虽然通过市场安排分配的出口配额对总生产率产生了标准误置效应，但他们的实证分析表明，由于政府将配额分配给了生产率较低的国有企业，配额的取消产生了更大的效应。他们发现，超过70%的生产率增长是由于配额分配不当产生的，而剩余的30%是由于消除配额的标准而产生的。

贸易政策也可能通过其对竞争的影响来影响要素错配，而这种影响通常是通过加价来实现的。Edmond、Midrigan 和 Xu（2015）根据中国台湾地区的制造业数据校准了一个模型，他们发现从自给自足到自由贸易，减少了加成异质性，并导致全要素生产率略高于12%的增长。

（二）要素错配影响经济发展的分析思路

本章特别关注的是影响投入分配的扭曲现象是如何影响给定商品的生产者的。例如，在标准的新古典主义增长模式下，按比例征收收入税会扭曲家庭关于消费和劳动力供应的决定。但这种要素错配，并不是那种我们经常强调的生产中使用的资本和劳动力数量的错配。相反，我们感兴趣的是异质生产者之间的资本和劳动力数量的分配是扭曲的。例如，当对同一种商品的不同生产者征税时，会产生不同的影响效应。

我们用一个例子阐述这一现象。总产出由许多生产率不同的生产者生产而得。具体来说，假设有 N 个齐次商品的潜在生产者，生产者 i 有一个生产函数：

$$y_i = A_i \times f(h_i, k_i) \qquad (2-1)$$

其中，y 为产出，h 为劳动力投入，k 为资本投入，f 为生产函数，A 为生产率。

同时，假设有一个固定成本的生产者，单位生产成本用 c 表示。给定加总的劳动力和资本的总量，分别用 H 和 K 表示，假设生产商选择操作与分配劳动力和资本的途径是唯一的，其目的是使固定经营成本下的总产出最大化。

存在三种不同的渠道将影响整体生产率水平，从而影响总产出。第一个渠道，我们称之为技术渠道，反映了生产者的生产率水平，即 A_i；如果所有的 A_i 都更大，总产出也会更大；第二个渠道，我们称之为选择渠道，反映了生产商应该选择如何经营；第三个渠道是要素错配的渠道，反映了资本和劳动力在生产者之间如何分配。从概念上讲，选择效应是一个要素错配的特殊情况，但从实证的角度我们并没有观察到不经营的潜在生产者。我们讨论的一个重要主题是这三个渠道并不是独立的：任何政策或制度，只要扭曲了生产者的资源分配（造成要素错配），都会通过选择渠道和技术渠道产生额外的影响效应。

在我们的例子中，产出最大化选择具有以下形式：首先用一个阈值规则界定什么样的生产者可以进行生产（如生产率水平满足 $A_i > \overline{A}$ 的生产者可以进行生产），并且根据生产条件，A_i 值越高的生产者分配的劳动力和资本越多。有效的分配将诱导生产者规模的有效分布。更具体地说，要素分配如果使所有生产者的劳动和资本边际产品相等的话，那么产出将趋于最大化。因此，考虑影响边际产品在生产者之间是否均等化是衡量要素错配可能来源的有用方法。

发展经济学、产业组织、劳动经济学、金融学、国际经济学等领域的许多文章都考察了在特定背景下要素错配的具体来源，它们使我们深刻认识到要素错配的普遍性。

第一，要素错配能反映出法律规定，包括不一样的法规。甚至是统一适用的规定对一个行业内的所有企业来说，可能都会造成行业内的不合理配置。例如，给定的就业保护措施会产生不同的影响，从而对不同的企业产生积极或者消极的影响。

第二，要素错配可能反映了政府或其他实体（如银行）做出的有利于或惩罚特定企业的政策措施。这些条款措施可能通常被称为"裙带资本主义"，甚至"政府腐败"。这些例子包括补贴、税收减免、发放给特定企业的低息贷款，以及对政府合同的不公平投标行为、优惠的市场准入、选择性地执行税收制度和法规等。

第三，要素错配可能反映出市场的不完善。它包括垄断权力、市场摩擦和不完善的产权执行。比如一个具有垄断权的企业，其生产效率可能低于有效水平，但可能其有较高的价格加成率。同时，一个生产效率高，但抵押品少的企业却可能无法获得足够贷款，以支持其进一步高效率生产。Bloom 等（2013）认为在印度，高生产率企业的规模受到资本信贷支持的限制，而且可能因为执行不力的财产权利而限制其发展。另外，土地所有权的缺乏可能也会影响土地的配置。

（三）要素错配的常用衡量方法

已有文献主要采用两种方法对要素错配进行衡量，我们将其分为直接方法和间接方法。

直接方法的实质是集中注意要素错配的具体根源并评估其后果。一种衡量信息来源的方法是准自然实验，它揭示了要素错配的特定来源。虽然一些研究成功地遵循了这条路径，但作为一个实际问题，这种估计的适用范围似乎较为有限。因此，采用典型的直接方法寻求要素错配的根源，主要是通过结构模型评估其定量效果。这种方法作为一种衡量各种税收扭曲程度的方法，在公共财政领域有着悠久的传统。但研究人员必须注意结构模型的细节对研究结果的重要影响。然而，我们强调估计的要素错配程度必然需要计算一个反事实——在生产者之间重新配置投入可以产生多少额外的产出。

但是直接方法面临着另一个挑战，即需要对要素错配的根本原因采取量化措施。如果法定条款是要素错配的关键根源，这或许不成问题，然而，如果最重要的要素错配来源反映了自由裁量权条款，那么衡量可能就变得非常困难。例如，即使管制是加总要素错配的一个重要来源，但由于个别行业管制的高度专门化和复杂性，仍然很难发展出一个适当的结构模型用于分析要素错配。

相反，间接方法试图在不确定要素错配的潜在根源的情况下确定要素错配的程度。正如前面我们在简单示例中所指出的，有效配置投入等于所有活跃生产者的边际产品。因此，直接研究边际产品的变化为衡量要素错配的数量提供了一个机会，而无需说明要素错配的根本原因。这种方法也需要一些结构要求，但与直接方法不同，它不需要指定完整的模型。我们可以使用一个简单的例子来说明，比如衡量一个地区的要素错配，首先必须给定横截面数据的产出，劳动力和资本，以及指定生产函数 f，以便直接计算隐含的要素错配。计算中，首先要注意每个生产者的 y、k 和 h 的数据及生产函数 f，我们可以推断出 A_i。给定一个生产函数 f 和 A_i，我们可以直接求解出生产者之间的投入分配最大化产出的具体情况，然后将其与实际产出进行比较，可以评估要素错配的程度。

虽然间接方法比直接方法需要更少的条件、要求，然而它也面临着一个关键挑战，即在更一般的框架中，有效的配置并不是说所有生产者在任何时间点上的边际产品都是相等的。如果投入是在实现特定生产者的冲击之前选择的，或者如果有调整成本，则此条件无需成立。另外，企业层面的测量数据误差将使我们推断出生产者之间边际产品的差异事实上是根本不存在的。

Restuccia 和 Rogerson（2008）在研究中使用了与 Hopenhayn（1992）类似的产业均衡模型，该模型根据美国经济的特征进行了校准，以探究企业特定税收和补贴导致的要素错配将在多大程度上影响加总全要素生产率。这些针对企业的税收和补贴是假设的，然而这几个因素被选为可能导致要素错配的许多不同因素的代表。在一个被他们称为"相关扭曲"的场景中，高生产率的企业被系统地征税，而低生产率的企业则得到系统的补贴。他们发现，这将大大降低全要素生产率。这项研究传递的一个关键信息是，要想让要素错配产生巨大的影响，就需要系统性地抑制高生产率生产者的投入。因此，在一些相对较小和生产率较低的企业中进行要素错配分析，其在评估总体影响方面可能不是特别相关。

延续 Restuccia 和 Rogerson（2008）关于政策扭曲带来的要素错配的研究，Hsieh 和 Klenow（2009）研究指出，在适当的微观数据和一些模型下，可以更好地估计要素错配的程度。他们的思路基本遵循上一节描述的策略，即有效配置投入等于所有活跃生产者的边际产品。但在这样一个环境中，每家企业生产的不同种类的有价值的商品由消费者按一定弹性替代加总产品。每一个生产者在决定其产出水平时都是以垄断竞争者的身份决策，但是由于劳动力和资本市场竞争激烈，隐含的需求结构很重要，因为它使作者能够在只包括总收入（与实物产出相对应）的情况下推断出全要素生产率。

当 Hsieh 和 Klenow（2009）将他们的方法应用于中国、印度和美国的工业中的四位数制造业时，他们发现了要素错配对全要素生产率的巨大影响。特别是，如果消除了要素错配，则中国制造业的加总要素生产率将提高 86%~110%，印度将提高 100%~128%，美国将提高 30%~43%。这些结果表明，即使像美国这样的高收入经济体，消除了要素错配也能带来巨大的正面效应。这个重要的因素解释了富国和穷国之间的生产率差异。然而，这些估计是针对制造业，而不是针对整体经济的。现有的证据表明，制造业生产率的跨国差异往往远远小于总生产率的差异。Hsieh 和 Klenow（2009）估计全要素生产率在制造业之间的差异，美国的全要素生产率分别是中国和印度的 130% 和 160%，总水平全要素生产率分别是中国和印度的 300% 和 600%。

在要素错配而造成生产率损失的假定下，一个部门内所有生产者之间收入边际产品的分散都是政策扭曲或制度扭曲发挥作用的结果。然而，在某种程度上，一些差异不需要反映由于政策造成的要素错配，因此，Hsieh 和 Klenow（2009）的估计有可能夸大了要素错配的规模。

虽然 Hsieh 和 Klenow（2009）的方法在没有确定要素错配来源的情况下测量了错配程度，但是他们的分析方法确实允许他们检查要素错配与可观测数据相关联的程度。例如，中国的国有企业与要素错配密切相关，因为国有企业的规模远远大于效率所要求的规模。另一个重要的发现是，三个经济体中高生产率的生产厂商总体规模太小，但这种影响在中国和印度比在美国更突出。Bento 和 Restuccia（2018）为更多的发展中国家证实了这一发现：生产率更高的工厂所面临的隐性税收与各国人均 GDP 密切相关。

三、创业理论

创业被证明对于经济增长具有重要作用，创业——新企业的形成，是经济地理学的一个基本过程（Stam，2007），创业与创业的环境，尤其是生态系统及创业金融密切相关。

（一）创业生态系统

充满活力的地方社会、制度和文化、金融环境，以及鼓励和促进新企业形成和增长的创业生态环境是创业发展的重要环境。在 Moore（1993）的研究中，"生态系统"一词在社会科学中得到了广泛使用，他强调了商业生态系统是企业的外部环境。创业生态系统与工业区域、集群和创新系统具有相似性；企业家和衍生企业在这些框架中存在（Stam and Spigel，2017）。Acs 等（2017）据此认为，创业生态系统是从商业战略和区域发展两方面发展起来的。

大多数定义强调要素的组合或相互作用，通常通过网络，产生支持创业活动的共享文化价值观。创业生态系统通常以列表或图表的形式呈现，包括几个参与者或利益相关者，以及生态系统所需的一系列成分。大多数生态系统的图表显示所有的组成部分都是相互关联的；Isenberg（2011）的图表显示 6 个"领域"中的 50 多个组件都是相互关联的。

（二）创业金融

获取金融资源是创业过程中最重要的创业任务之一（Ko and McKelvie, 2018；Zhang et al., 2010）。金融资源不仅能让企业家利用已识别的机会，而且有助于企业提升实现利润的能力（Shane, 2003）。然而，由于企业家和潜在投资者之间固有的信息不对称所带来的困难，企业家从外部来源获得融资的努力经常失败（Amit et al., 1990），从而限制了企业家的创业行为。

有效缓解信息不对称和吸引潜在资源提供者的一种可能方法是使用信号来传达企业的质量（Ahlers et al., 2015；Connelly et al., 2011）。在决策过程中，资源提供者通常试图评估两个隐藏属性，以决定其金融资源的增加是否有助于获得成功的投资结果。首先，潜在投资者检查企业经济活动的质量；其次，他们试图评估企业执行这些活动的能力和技能（Steigenberger and Wilhelm, 2018）。

1. 创业的众筹资金

在创业融资领域，众筹代表了一种快速发展的股权融资机制，并受到越来越多的关注。股权众筹是一种早期融资类型，其中大量投资者主要通过在线平台接触，每个投资者都为公司所有权贡献一小部分资本（Vulkan et al, 2016）。虽然这种类型的融资最初面临着巨大的法律挑战，这阻碍了众筹的扩张，但监管的变化减少了众筹的障碍，并导致其迅速发展（Ahlers et al., 2015）。

一些不同种类的信号，可以成功地将有关企业质量的信息传递给潜在的群体投资者，以使创业者最终获得投资资源。首先，创业者的身份可能会引发成功的众筹活动（Lee et al., 2019）。由于潜在投资者将某些有利属性附加到这种身份上，因此假设领先企业家更善于利用机会，而先锋或创新企业家更了解市场及其需求（Pagano, 1993）。还有一些学者表明，企业家的人力资本或社会资本的程度也反映了有价值的企业家属性，如技能及资源获取能力均可以传递企业家能力的信号（Ahlers et al., 2015）。此外，由于众筹项目通常缺乏可靠的业绩记录，潜在投资者可能会依赖其他可观察到的特征来传达企业的质量，例如创始人的众筹经验（Courtney et al.，2017）。

2. 创业的天使投资

天使投资人这个术语通常指的是独立或与其他天使投资人合作将自己的资金投资于新企业的个人。天使投资人主要关注处于极早期阶段的年轻、高增长潜力的企业，他们在创业融资领域发挥着越来越重要的作用（Drover et al.，2017）。天使投资往往占提供给新企业的资本的 70% 以上（Morrissette，2007）。尽管它们具有实际意义，但与其他投资者群体（如风险资本家）相比，评估天使投资的研究只吸引了有限的学术关注。

天使投资背景下的创业信号主要依赖于基于主观和不可验证的声明来传递（Maxwell et al.，2011）。因此，概念性文献的结论是，在这个阶段，企业家面临的主要挑战之一是发展一种引人入胜的叙事，以一种有利的方式呈现企业。因此，在风险投资的早期阶段，企业家在发展一个吸引人的叙事中起着核心作用，有助于成功地将相关信息传递给潜在的投资者。例如，企业家动机的最明显的线索之一是他或她的热情，这通常表现为对产品、服务或企业本身高度积极的情绪。通过口头或肢体语言表达这种积极的情绪，可以唤起目标受众对事物的积极联想，进而联想到企业家的能力和企业的前景，从而增加获得资金的可能性。实证研究为这一观点提供了支持，证明了表现出更大热情的企业家在吸引资源方面更成功（Cardon et al.，2017）。个体可以塑造他们的行为，调整他们传递给目标受众的信息，以创造某种印象，最终影响潜在投资者的行为。因此，企业家动机的信号，如准备和承诺，可以用来向天使投资者呈现一个有充分准备和决心的企业家的形象。经验证据支持这两种信号的积极影响（Cardon et al.，2017）。此外，研究进一步强调了上述信号在吸引天使投资方面的相关性，这些信号经常被概括为创业激情。研究表明，对激情的感知显著有助于评估企业的融资潜力（Mittite et al.，2012）。

3. 创业的风险投资

风险资本家是指从其他投资者那里筹集资金直接投资于新企业的金融中介机构（Busenitz et al.，2005）。因此，这种类型的创业融资不同于众筹投资和天使投资，后者通常使用自己的资金进行投资。作为一群专业投资者的代表，风险投资基金在投资组合公司中扮演着积极的角色，目的是使企业的价值最大化。因此，由于投资的相关成本和风险，风险投资者主要在后期关注新企业。

新企业融资被概念化为一种说服过程，企业家旨在使被视为潜在投资者的风险资本家相信其公司的优点。更具体地说，投资者是否投资取决于接收者是什么，考虑判断的基础及构成相关证据的因素。企业家需要传达满足这两个条件的信息，才能成功吸引资源。信号已被证明可以有效地传输这种有价值的信息。一般来说，文献区分了信息信号和人际信号，前者传达了企业的潜在生存能力，后者表明企业家的行为风格，以及他或她与他人合作的能力（Huang and Knight，2017）。风险投资背景下的有效信息信号包括人力资本、准备、社会资本、技术能力、政府补助（Islam et al.，2018），或与第三方及其他风险资本家的关系（Bapna，2019）。其中，创业可指导性是一个重要的信号，它向潜在的风险投资者传达了相关信息，但它不同于其他有效信号。更多的静态信号，如企业家的教育水平和企业的市场份额，为投资者提供了关于投资财务资源可以预期的回报类型的线索。除了有关财务回报的可行线索外，教练能力还为企业提供了社会资源信号，如管理建议或网络访问，可以预期获得什么回报（Huang and Knight，2017）。在这方面，可指导性在风险投资的背景下构成了一个特别可行的信号，因为这类投资者通常投资大量的非金融资源，因此需要评估企业家提前利用这种支持的能力（Ciuchta et al.，2018）。

四、就业创造理论

创造和保持就业机会是经济增长的关键，因为通过创造者的工作，大多数人可以产生收入，从而保证自己的生存和发展。

（一）就业创造与企业规模的关系

文献关注最多的问题之一是企业规模的作用，以及私营部门最大的雇主是大企业还是中小企业。这个问题的答案在很大程度上取决于经济发展所处的阶段。例如，Biggs 和 Oppenheim（1986）认为，企业的规模构成是随着结构变化的过程而演变的，一般来说，制造业企业的规模分布随着经济发展水平的提高而增加。对美国和英国特定行业演变的几项历史研究证实了这些发现。然而，有证据表明，在大多数发达和发展中经济体的其他地方，中小企业是就业创造的主体。

实际上，关于人们在哪里工作的调查结果显示出对定义公司规模类别的界限和方法的明显敏感性。来自美国的一些研究清楚地说明了这一点。如上所述，Davis 等（1996）研究表明，关于基数大小的定义产生了实质性的差异。他们利用美国 1972—1988 年的制造业普查数据说明了这一点。如果使用初始就业人数来定义规模，大型制造企业（超过 250 名员工）雇用了约 57% 的私营部门总劳动力；如果以平均就业规模为基准，这一比例将升至 60% 左右。以 500 名员工为限，大企业的员工约占就业人数的 40%（按平均规模计算，这一数字为 42%）。Neumark 等（2011）扩展了这项工作，使用了美国 1992—2001 年的企业建立时间序列数据，涵盖制造业和服务业企业，与 Davis 等人的发现相反，他们报告说，员工人数少于 250 人的企业雇用了私营部门总劳动力的一半以上，无论是用初始就业还是用平均就业来确定规模，均证实了这一结论。但 Haltiwanger 等（2013）反驳了这一观点，他们使用了一个数据集，该数据集涵盖了 1995—2005 年至少有 1 名员工的私营部门机构，发现大企业实际上是美国非农业私营部门劳动力的最大雇主。特别是他们报告说，拥有 500 名及以上员工的企业约占美国就业总存量的一半，大型的和成熟的企业代表了多数。

然而，其他发达国家的研究对中小企业作为主要就业来源的作用则不那么模棱两可。例如，Lawless（2014）使用爱尔兰的面板数据（1972—2010年）研究发现，拥有至少50名员工的企业占总就业人数的不到1/3，而拥有250名或更少员工的企业约占总就业人数的2/3。此外，在对18个（主要是经合组织）国家的人口普查数据的综合研究中，Criscuolo等（2014）发现，中小企业（定义为员工人数在250人或以下的企业）占就业总数的50%以上；除美国外，所有18个国家的就业率都有所上升。事实上，在其中的6个国家（巴西、日本、意大利、新西兰、葡萄牙和西班牙），雇员少于50人的企业占据了大部分就业岗位。Hijzen等（2010）利用英国（1997—2008年）的注册表数据报告称，拥有250名或更少员工的企业约占总就业人数的53%，尽管当使用平均就业人数来衡量规模时，这一贡献降至约42%。Klette和Mathiassen（1996）利用挪威（1976—1986年）的制造业普查数据表明，拥有150名或更少员工的企业（不管企业规模是用初始规模还是平均规模来衡量）约占总劳动力的60%。同样，Genda（1998）使用日本拥有5名或更多员工的企业人口普查数据，结果发现员工少于100人的企业占非农业劳动力总数的65%以上。事实上，在中小企业扮演如此重要的角色的情况下，日本在经合组织国家中显得有些另类。Criscuolo等（2014）证实了这一点，他们认为员工少于250人的企业对日本总就业的贡献约为85%。

与针对发达国家的广泛调查结果相比，针对发展中国家的类似全面研究很少。然而，现有的结果相当明确地表明，中小企业是私营部门就业的主要来源。Ayyagari等（2014）使用基于世界银行企业调查的104个国家的横断面数据提供了这一问题的证据。他们表明，在低收入和中低收入国家，员工人数少于100人的企业（不包括员工人数少于5人的公司）占总就业人数的50%以上，但在中高收入和高收入国家，雇员人数不到总劳动力的一半。然而，雇员人数上限为250人的中小企业，其雇员人数远远超过了总劳动力的一半。同样，Arrow等（2014）利用2005—2011年南非的季度调查数据报告称，员工人数在 250 人或以下的企业占总就业人数的 50% 以上。强调这些发现的原因是，在这些经济体中，非常小的企业（通常是个体经营和未注册的）占据主导地位，这是有案可查且经常被讨论的。大多数发展中国家的现有数据，如企业调查，都不包括较小的（微型）企业和非正规企业。因此，在使用这些数据进行分析时，小企业对就业的贡献可能被低估了。Rijkers 等（2014）使用突尼斯的商业登记数据证实了这一点，该数据涵盖了所有规模的企业，引人注目的是，仅自雇工人就占非农业就业总人数的 28% 左右，而雇员少于 100 人的企业占 2013 年总就业人数的 62% 左右。埃及、西岸地区和加沙地区的类似结果表明，雇员人数不超过 5 人的公司占私营部门总劳动力的一半以上。

（二）就业创造与企业年龄的关系

年轻企业和老企业哪个更重要，这也是就业创造理论中的一个重要争议话题。这里有一个更大的共识：在发展中国家和发达国家，老企业似乎是就业存量最重要的贡献者。Haltiwanger 等（2013）在最近对美国的综合研究中报告称，1992—2005 年，成熟企业（10 年以上）平均占就业存量的 70% 以上。此外，Criscuolo 等（2014）也研究表明，对就业存量的贡献随着企业年龄的增加而增加。特别是，成熟企业占总就业人数的 60% 以上。更重要的是，在每个规模类别中，老企业占就业存量的份额最大，表明结果不是由企业年龄和规模之间的正相关驱动的。Klette 和 Mathiassen（1996）报告了挪威的类似结果，表明就业存量的份额随着企业年龄的增长而急剧增加；事实上，仅成立 15 年以上的企业就占制造业总就业人数的 85% 以上。

在发展中经济体中，老企业也占据着主导地位。Rijkers 等（2014）报告说，在突尼斯，就业份额随着企业年龄的增长而增加，他们指出，成立 10 年或更久的企业，平均而言，约占总就业存量的一半。同样，Ayyagari 等（2014）报告称，成立 11 年以上的老企业是就业最大的贡献者；在他们的研究中，仅大型老企业就占总就业存量的 35% 左右；他们用哥伦比亚制造业普查的数据提供了类似的结果，他们指出，至少在拥有 10 名或更多员工的企业中，就业存量的份额随着年龄的增长而增加。

（三）金融与企业就业创造

小额信贷被认为是创造就业机会的一种策略。例如，欧盟将小额信贷作为在 2020 年前提高欧洲就业水平的一项措施。创造就业机会所依据的基本原理通常如下：贫穷的企业家可以通过商业活动获得高边际回报，但受到信贷限制。小额信贷被定义为向服务不足的企业家及微型企业提供小额贷款，从而通过开办或扩大企业来帮助实现增长，进而刺激就业。

创造就业机会是全球政策制定者关注的主要问题，这也是小额信贷自 20 世纪 70 年代中期出现以来越来越受欢迎的原因之一。提供小额信贷的银行目前在低收入和中等收入国家普遍存在，最近也出现在高收入国家。总的来说，全球约有 2 亿人被认为是大约 3600 家小额信贷机构的客户（Maes and Reed，2012），大量的公共和私人资金致力于小额信贷项目，例如，2015 年有 340 亿美元的资金流向小额信贷。

而从整体金融系统来看，企业融资约束是企业就业创造受到限制的重要原因。Campello 等（2010）研究发现，在 2008 年国际金融危机期间受到信贷约束的企业减少了投资和就业。Laeven 和 Valencia（2013）发现信贷供应受限降低了 2008—2009 年的增加值增长，Chodorow-Reich（2014）发现信贷供应受限在同一时期破坏了中小企业的就业。

为了评估银行贷款供给和企业贷款需求的相对重要性，Kremp 和 Sevestre（2013）用 2000—2010 年法国企业层面的数据来估计非均衡模型，该模型解释了由于只包括有贷款的企业而产生的选择偏差。他们的结论是，金融危机期间的信贷配给很低，企业贷款需求的下降幅度大于银行贷款供应的下降幅度。Bo 等（2014）也发现需求效应主导了中国的金融约束。Gaiotti（2013）使用定性信息来确定意大利企业的信贷申请是否被拒绝，以确定银行贷款供应对企业投资的潜在影响。他们发现了信贷配给减少投资的证据。他们还得出结论，这种影响是时变的，在2008—2009年期间最为显著。Akbar等（2013）用2004—2009年英国私营企业的数据来确定信贷供应冲击的影响。他们将2008年的国际金融危机作为一个工具变量，并发现信贷供应冲击对私营企业的总负债率产生了不利影响，进而抑制企业就业创造。

第三章
僵尸企业对工业就业增长的影响
——基于水平和稳定性维度

就业是经济"晴雨表",也是社会"稳定器"。党的十九大报告指出,就业是最大的民生。我国经济发展正处于增长速度换挡期,就业压力更为巨大;因而,"稳就业、保就业"成为各级政府的头等大事,该目标甚至比经济增长和社会发展的目标更为重要。党的二十大也提出要实施就业优先战略,强化就业优先政策。企业是创造就业的关键主体,"稳就业、保就业"就要稳企业、保企业。因此,探索企业创造就业的约束条件,分析就业增长波动的影响因素,并采取有针对性的措施缓解约束,对于稳就业、保就业具有重要意义。

同时,在经济发展新常态和供给侧结构性改革的大背景下,僵尸企业引起了大量的关注(谭语嫣等,2017;王永钦等,2018)。所谓僵尸企业,是指陷入财务困境,本应被市场淘汰,但却因获得银行低于市场最优利率的贷款或者其他补贴,从而得以生存的企业。国内外关于僵尸企业影响效应的研究文献日益丰富,但主要研究僵尸企业对正常企业的创新、资源配置的影响,其对正常企业就业的影响,却鲜有文献研究。那么,僵尸企业的存在是否会抑制正常企业的就业增长?其对异质性的正常企业是否有差异性的影响效应呢?这些问题的回答对于进一步深入探究僵尸企业对转型国家的负面影响具有重要的作用。

基于此,本章研究了僵尸企业对正常企业就业增长的抑制效应,边际贡献主要表现在以下三个方面:首先在选题上,本章研究了僵尸企业对正常企业就业增长的负面影响,本章的研究可以弥补现有文献的不足，也为稳就业这一民生头等大事提供一定的政策启示。其次，我们在企业就业创造、就业破坏等指标的基础上，根据Kurz和Senses（2016）的方法构建了企业就业波动指标，从就业增长的规模和稳定性两个维度分析僵尸企业对正常企业就业增长的影响。最后，在异质性分析部分，本章重点分析了城市僵尸化程度对就业创造的主要引擎——小规模企业和年轻企业就业增长的影响效应，同时分析了其对高技能就业创造的主体——高技术企业就业增长的影响效应；并将僵尸企业分成国有僵尸企业和非国有僵尸企业，从而更深入地分析僵尸企业的异质性影响效应。

一、文献回顾与理论假说

（一）文献回顾

僵尸企业被认为造成了生产率停滞，阻碍了日本经济复苏，Kwon等（2015）发现僵尸企业是日本20世纪90年代末生产资源错配的主要原因，减少了日本的生产投入，降低了加总生产率。僵尸企业的存在造成市场拥挤，破坏了市场自发的"创造性破坏"。具体来看，僵尸资本导致企业进入、退出受阻，可以通过集约边际和扩展边际两方面破坏资源配置。

在国内，学者们发现僵尸企业挤出了非僵尸企业投资，导致并加剧了中国的产能过剩（Shen and Chen, 2017），降低了同行业正常企业的专利申请和全要素生产率，抑制了产业升级，通过供应链关系影响上下游企业的商业信用。最近的研究还发现，僵尸企业挤出了正常企业的污染投资，加剧了污水排放。

虽然学界对于僵尸企业影响作用的研究日益增多，但是鲜有文献关注僵尸企业对正常企业就业增长的影响。

（二）僵尸企业影响正常企业就业增长的理论假说

僵尸企业自身盈利能力低下，但在政府的支持下却以低于市场最优利率的成本吸收了大量信贷资源，挤占了正常企业的信贷资本。僵尸企业虽然占用大量社会资源，但效率较低，破坏市场竞争机制，不利于正常企业的生存和发展。因此，僵尸企业的存在可能抑制正常企业的就业增长。

本章认为僵尸企业可能通过如下机制，抑制正常企业的就业增长。

第一，僵尸企业挤出正常企业的融资，不利于正常企业的就业增长。谭语嫣等（2017）认为，政府偏向于国有企业的扭曲投资行为是僵尸企业出现的主要原因，僵尸企业的存在挤出了私营企业的投资。金融资源在僵尸企业和非僵尸企业之间存在明显的错配，僵尸企业的资本产出率和劳动生产率更低，利润率和资产回报率也更低，但却以更低的成本吸收了大量金融资源。但是，金融资源对于企业创造就业具有重要的意义。如果能够较好地获得企业发展所需的资金，那么面临发展机遇的企业就能借此把握机会，进而发展壮大，从而影响企业创造就业。张三峰和张伟发现，融资约束对企业雇用需求有显著负面影响。杨来峰和熊家财（2022）发现，金融摩擦导致企业，尤其是中小企业、民营企业面临着不同程度的融资约束，这极大地限制了企业的就业吸纳能力。

第二，僵尸企业抑制正常企业创新，进而不利于正常企业的就业增长。创新具有一定的市场扩张效应，由于创新产生了新产品、新工艺，因而可能会产生新的市场机会和更高的利润，从而促进就业创造。同时，企业创新具有较强的"市场窃取效应"，由于创新产品对于消费者有更高的吸引力或者有更强的价格竞争优势，因此，创新企业可能据此"窃取"竞争者的市场份额，甚至导致竞争能力不足的竞争对手退出市场，进而促进自身的就业增长。然而，僵尸企业不利于企业创新，谭语嫣等（2017）研究了僵尸企业对非僵尸企业投资行为的影响，发现存在挤出效应。王永钦等（2018）发现僵尸企业显著拉低了正常企业（非僵尸企业）的专利申请数量和全要素生产率。陈瑞华等（2020）从银行竞争的角度进一步分析了僵尸企业对企业创新的影响效应。Dai等（2012）认为僵尸企业将通过供应链关系影响上下游企业的商业信用，而商业信用作为非正式融资的重要依据，可以弥补信贷融资的不足，对于企业创新具有突出的意义。

第三，僵尸企业引起税负扭曲，增加正常企业的税负，因而不利于正常企业的就业增长。僵尸企业盈利能力较差，而且其得到政府支持，因此其往往无须向政府缴税。另外，僵尸企业的生存依赖于政府补贴和财政资源，这加剧了地方公共财政的压力。税收主要来自企业，是政府财政的主要来源之一，因此政府可能会调整税收管理策略和加强对正常企业的税收征管，以缓解资金压力。正常企业的税负增加必然影响其规模的扩张，抑制其就业增长。

据此，我们提出假设 3.1：**僵尸企业抑制了正常企业的就业增长规模，同时加大了企业的就业波动。**

僵尸企业可能对正常企业中的年轻企业和成熟企业、大企业和中小企业的就业增长产生不同的影响效应。最近的研究强调，年轻企业和中小企业在创造净就业机会方面发挥着至关重要的作用，它们是就业创造的基本引擎。然而，年轻企业在发展成长的过程中比成熟企业更依赖外部资金支持，同时，年轻企业比成熟企业更难以获得金融市场的支持，所以受到僵尸企业的挤出效应更为明显，进而其就业增长的规模和稳定性均更容易受到僵尸企业的负面影响。同样，中小企业在发展过程中亟须资金的支持，但是与大企业相比，其更难以得到金融市场的青睐，因此更易受到僵尸企业的负面影响。正如 Brixiová 等（2020）认为中小企业是发展中国家就业创造的最大贡献者，但是由于它们缺乏金融支持，从而限制了发展中国家的就业创造。Siemer（2019）发现金融约束使小企业的就业增长相对于大企业减少了 4~8 个百分点，年轻企业比老企业多减少了 7~9 个百分点。

而僵尸企业的负面作用尤其加剧了正常企业中年轻企业和中小企业的融资困难，进一步抑制了就业增长的规模，降低了就业增长的稳定性。

据此，我们提出假设 3.2：**僵尸企业对正常企业中的年轻企业和中**

小企业的就业增长的规模和稳定性的抑制作用更突出。

高技术企业是高技术就业的主要创造者,高技术企业的成长和发展对创新的依赖度比较高;但创新是高风险的投入产出活动,这就导致高技术企业普遍存在较为严重的融资约束问题。在内源融资过少的情况下,创新的高投入加剧了高技术企业的资金短缺问题;由于高技术企业与金融机构之间信息不对称,创新的不确定性使得信息不对称更为严重,造成高技术企业融资成本过高、融资渠道不畅,融资约束更为突出。

而僵尸企业通过挤出正常企业投资的方式抑制企业创新,谭语嫣等(2017)、王永钦等(2018)、陈瑞华等(2020)均发现存在这一现象。因此,僵尸企业可能对创新依赖程度更高的高新技术企业的就业增长产生比其他正常企业更突出的抑制作用。

据此,我们提出假设3.3:**僵尸企业对正常企业中的高技术企业的就业增长规模和稳定性产生了更明显的抑制作用。**

按照所有权属性来看,国有僵尸企业与民营僵尸企业形成的原因差异较大。国有僵尸企业一般是由于银行信贷优惠和产能过剩而形成的。由于金融市场存在国有企业偏向性,国有企业相对容易获得规模更大和更为稳定的信贷支持,从而更多地挤出其他正常企业的资金,进而对就业增长的规模和稳定性产生直接和间接的负面影响。而民营企业,尤其是中小民营企业僵尸化的主要原因是传染效应,即中小民营企业由于难以直接从银行获得贷款,普遍采取相互担保的借贷方式,一旦某家企业发生财务危机变成了僵尸企业,关联企业不得不为僵尸企业提供信贷资金或者银行担保,这导致关联企业也容易变为僵尸企业。这种传染效应是民营企业缺乏信贷支持的无奈之举产生的困局。很明显,该效应要小于国有僵尸企业带来的综合负面效应,因此国有僵尸企业对正常企业就业增长的规模和稳定性破坏作用更明显。

据此,我们提出假设3.4:**国有僵尸企业对正常企业的就业增长规模和稳定性的抑制作用比民营僵尸企业更突出。**

二、模型、变量与数据

(一) 模型构建

本章参照 Kurz 和 Senses (2016)、魏浩和李晓庆 (2018) 等的做法,构建模型如下:

$$Job_{it}=\alpha_0+\beta Zom_{ct}+\gamma X+\mu_c+\varphi_t+\varepsilon_{cit} \quad (3-1)$$

其中 i 为企业,t 为年份,c 为企业所在的城市。Job 为企业就业,包括 4 个变量: 就业创造 (JCR)、就业破坏 (JDR)、就业净增长 (JGOWR)、就业波动 (JVL)。Zom 为各城市的僵尸化程度。X 代表一系列控制变量,参照已有文献,主要控制一组城市层面控制变量和企业层面控制变量。μ、φ 分别表示城市与年份固定效应,ε 为随机误差项。

(二) 僵尸企业的识别及城市僵尸化程度衡量

Fukuda 和 Nakamura (2011) 在 Caballero 等 (2018) 提出的 CNK 方法的基础上加入企业利润水平和杠杆率变化的信息,修正得到所谓的 FN 准则。我们借鉴谭语嫣等 (2017) 的思路,在 Fukuda 和 Nakamura (2011) 等的基础上,按照如下步骤识别工业中的僵尸企业。

首先,估算正常经营状态下,企业需要支付的最低利息 RA_{it}。

$$RA_{it} = rs_{t-1}BS_{it-1} + \left(\frac{1}{5}\sum_{j=1}^{5}rl_{t-j}\right)BL_{it-1} \quad (3-2)$$

式 (3-2) 中,BS_{it-1}、BL_{it-1} 分别为短期 (少于一年) 银行贷款、长期 (超过一年) 银行贷款;rs_{t-1} 和 rl_{t-j} 分别是银行一年期和五年期平均的基准贷款利率。

其次,将企业实际支付的利息 RB_{it} 与我们假设的企业需要支付的最低利息 RA_{it} 进行比较,并将差额用本期开始的有息借款总额标准化,从而得到利息差的计算公式:

$$GAP_{it} = (RB_{it} - RA_{it})/(BS_{it-1} + BL_{it-1}) \quad (3-3)$$

与 Caballero 等 (2018) 的研究一样,如果 $GAP_{it}<0$,则企业 i 获得了补贴,其僵尸指数为 1;否则,它的僵尸指数为 0。最后,根据

Fukuda 和 Nakamura（2011）的方法，我们采用"盈利能力标准"和"常青贷款标准"进一步调整企业僵尸指数。

第一，根据"盈利能力标准"，即息税前利润（EBIT）超过假设的无风险利息支付的企业不被归类为僵尸企业。

第二，根据"常青贷款标准"，即无盈利、高杠杆（杠杆率高于0.5）且对外借款增加的企业被归类为僵尸企业。具体而言，如果企业的息税前利润低于假设的 t 期无风险利息支付，企业总外债超过其总资产的一半，且 t 期增加的负债大于 t−1 期，则将其归类为 t 期的僵尸企业。

参照谭语嫣等（2017）和邵帅等（2022）的方法构建衡量城市僵尸化程度的公式：

$$HZom_{ct} = \sum_{i=1} Asset_{cit} / \sum_{i=0,1} Asset_{cit} \qquad (3\text{-}4)$$

式（3-4）中，i=1，则表明企业为僵尸企业；i=0，则表明企业为非僵尸企业。$Asset_{cit}$ 表示城市 c 企业 i 在 t 年的资产总额，HZom 为城市僵尸企业化程度。

（三）企业就业增长的测度

借鉴 Groizard 等（2015）、魏浩和李晓庆（2018）等的做法，企业就业增长涉及就业创造、就业破坏、就业净增长和就业波动。就业创造（JCR）定义成 $JCR_{it}=\max(\Delta EM_{it}, 0)$，$\Delta EM_{it}=\ln EM_{it}-\ln EM_{it-1}$。就业破坏（JDR）为 $JDR=\max(-\Delta EM_{it}, 0)$。就业净增长（JGOWR）为 $JGOWR=\ln EM_{it}-\ln EM_{it-1}$，$EM_{it}$ 表示 i 企业在 t 年的从业人数。就业波动（JVL）参照 Kurz 和 Senses（2016）的"残差法"并加以改进，用于衡量就业增长的稳定性：$\Delta EM_{ist}=\theta_i+\tau_{st}+V_{ist}$，$\theta_i$ 为企业固定效应，用于抓住企业不随时间变化的特性，τ_{st} 为部门–年份固定效应，可抓住部门的特质性冲击；V_{ist} 为残差，可用于衡量就业增长与就业平均值的偏离，其通过回归上式得到。于是就业增长稳定性指标为

$JVL_{it}=\sqrt{\dfrac{1}{w-1}\sum v_{ist}^2}$，w 为观测的窗口期，我们取 3 年。

（四）控制变量

参考已有文献，本章主要控制企业和城市层面的变量。企业层面的变量有企业生产率（PF）、企业是否出口（EXP）、资本劳动比率（CL），城市层面的变量有城市经济发展水平（GDP）、城市财政支出（FEX）等。企业生产率（PF）采用Ackerberg等（2015）的方法测度。企业是否出口（EXP）为虚拟变量，如果企业该年有出口，则为1，否则为0。资本劳动比率（CL）用企业上一年度固定资产余额与从业人员数的比值衡量。城市经济发展水平（GDP）用城市人均GDP并取对数衡量，城市财政支出（FEX）用城市每年的财政支出与GDP的比值测度。

（五）数据来源

企业数据来自国家统计局的中国工业企业数据库，虽然该数据库没有包括所有企业的数据，但据估计，该数据库包含了70%以上的就业数据，是目前分析企业就业增长的主要数据库，得到广泛使用。由于本章的数据区间为2006—2015年，空间单位为地级及以上城市，剔除某些数据缺失的城市，余下272个地级及以上城市为研究单位。城市层面的数据来自《中国城市统计年鉴》、各省统计年鉴及中经网统计数据库。

三、实证结果

（一）僵尸企业对正常企业就业增长影响效应的实证检验

表3-1报告了城市僵尸化程度对正常企业的就业增长规模及稳定性的影响效应，结果表明城市僵尸化程度对企业就业创造有显著的负向作用，对就业破坏存在显著的正向影响，抑制了正常企业的就业规模增长，同时对就业增长的波动产生了显著的促进作用，这表明僵尸企业不利于正常企业的就业规模增长，并且降低了企业就业的稳定性，这一结论证实了理论假设3.1，城市僵尸企业比例越高，对正常企业就业增长的规模和稳定性的负面影响就越突出。

在企业层面的控制变量中，企业生产率、出口哑变量对就业创造和就业净增长均产生了显著的促进作用，这表明企业生产率、企业出口有利于促进就业增长规模的扩大。但对就业破坏和就业波动的影响，仅企业生产率的影响系数显著为负，企业出口哑变量不显著；说明企业生产率提升降低了就业破坏，减少了就业波动，增强了企业就业增长的稳定性。在城市层面控制变量中，城市经济发展水平对企业就业创造和就业净增长的影响系数显著为正，且对就业破坏和就业波动的影响系数为负，并显著；说明城市经济发展水平越高，越能促进企业就业规模的扩大，并增强就业增长的稳定性，即城市经济发展水平对"稳就业、保就业"具有积极意义。城市财政支出（FEX）对企业就业创造和就业净增长产生了微弱的负向作用，这可能是由于财政资金在社会保障兜底的过程中反而阻碍了就业增长。

表3-1 僵尸化程度对正常企业就业增长影响效应的检验结果

变量	JCR (1)	JDR (2)	JGOWR (3)	JVL (4)
Zom_{ct}	−0.026*** (−6.493)	0.009* (1.993)	−0.034*** (−5.681)	0.011*** (2.876)
PF	0.404*** (3.493)	−0.186*** (5.927)	0.519*** (3.645)	−0.076*** (−2.984)
EXP	0.149*** (4.233)	0.109 (0.875)	0.249*** (4.875)	−0.028 (1.309)
CL	0.037 (1.289)	0.006 (1.094)	0.015 (1.462)	0.029 (0.994)
GDP_{ct}	0.095*** (4.327)	−0.028** (−2.296)	0.066*** (5.701)	−0.003*** (−1.094)
FEX_{ct}	−0.013* (−1.908)	0.047 (1.066)	−0.020* (−1.924)	−0.004 (1.175)
年份、地区哑变量	有	有	有	有
观测值	1269870	1269870	1269870	1269870
R^2	0.465	0.418	0.390	0.349

注：*、**、*** 分别表示在10%、5%、1%水平下显著，括号内为t值。

（二）稳健性检验

我们采用三种方法进行稳健性检验，首先，在僵尸企业识别中，用营业总额替代利润总额，作为重新识别的标准，得到城市僵尸化程度新衡量指标 Zom1；其次，采用僵尸企业就业人员占比 Zom2，僵尸企业产值占比 Zom3，重新利用模型（1）进行检验，检验结果见表3-2。从结果可以看到，替换城市僵尸化程度衡量指标后，除个别指标外，城市僵尸化程度都对城市创业活跃度和城市创业质量产生了显著的促进作用，这说明模型具有较强的稳健性。

表3-2 稳健性检验结果

变量	就业创造（JCR）			就业破坏（JDR）		
	Zom1	Zom2	Zom3	Zom1	Zom2	Zom3
Zom	-0.022*** （-6.517）	-0.034*** （-3.892）	-0.017*** （-4.062）	0.061 （1.038）	0.050* （1.974）	0.039*** （6.281）
控制变量	有	有	有	有	有	有
年份、地区哑变量	有	有	有	有	有	有
观测值	1269870	1269870	1269870	1269870	1269870	1269870
R^2	0.416	0.382	0.404	0.342	0.350	0.328
变量	就业净增长（JGOWR）			就业波动（JVL）		
	Zom1	Zom2	Zom3	Zom1	Zom2	Zom3
Zom	-0.052*** （-6.731）	-0.047** （-2.166）	-0.026*** （-3.872）	-0.020 （-1.601）	-0.033*** （-5.714）	-0.045** （-2.274）
控制变量	有	有	有	有	有	有
年份、地区哑变量	有	有	有	有	有	有
观测值	1269870	1269870	1269870	1269870	1269870	1269870
R^2	0.352	0.337	0.314	0.347	0.350	0.328

注：*、**、***分别表示在10%、5%、1%水平下显著，括号内为t值。

（三）基于工具变量的内生性检验

模型估计中内生性的存在通常是影响估计结果可靠性的重要因素，

遗漏变量和反向因果问题是两个最常见的因素，从而导致结果存在偏误。参照已有思路，我们将各城市样本初期的国有企业资产比重与上一年全国国有企业的资产负债率相乘，将其作为城市僵尸化程度的工具变量。该工具变量的设计完全符合工具变量的条件，首先，大多数研究结果表明国有企业比重与僵尸企业程度密切相关。其次，国有企业比重与国有企业资产负债率的交互乘积，可以较好地体现国有企业对信贷资源的吸收效应，同时能较好地满足工具变量的相关性和外生性条件。检验结果见表3-3，从中可以看到，使用工具变量控制内生性后，城市僵尸化程度的系数及显著性与基础模型基本一致。

表3-3　基于工具变量的内生性检验

变量	JCR （1）	JDR （2）	JGOWR （3）	JVL （4）
IV	−0.016*** （−4.728）	0.023*** （7.066）	−0.083*** （−5.240）	0.015* （1.884）
控制变量	有	有	有	有
年份、地区哑变量	有	有	有	有
观测值	1269870	1269870	1269870	1269870
R^2	0.426	0.408	0.458	0.411

注：*、***分别表示在10%、1%水平下显著，括号内为t值。

（四）对不同年龄、规模、技术密集度的正常企业的异质性检验

1. 对不同年龄企业的影响

按照Mina和Santoleri（2021）的方法，我们定义经营年限小于5年的企业为年轻企业，其他为成熟企业。从表3-4的结果可以看到，城市僵尸化程度对年轻企业的就业创造和就业净增长均表现出显著的负向影响，对就业破坏和就业波动均产生了显著的正面作用；对于成熟企业的就业创造和就业净增长也呈现出负向作用，且显著。比较而言，僵尸企业对年轻企业的就业创造和净就业增长的负面影响要大于

对成熟企业的负面影响，这说明僵尸企业对年轻企业就业增长的抑制作用更突出。而且从结果中可以看到，城市僵尸化程度仅对年轻企业的就业波动产生了显著的促进作用，表明僵尸企业降低了年轻企业的就业稳定性，但对成熟企业的作用不显著。

表3-4　按企业经营年限分组的回归结果

变量	年轻企业（young）			
	JCR	JDR	JGOWR	JVL
Zom	−0.049*** （−5.874）	0.038*** （3.276）	−0.063*** （−6.740）	0.022*** （4.652）
控制变量	有	有	有	有
年份、地区哑变量	有	有	有	有
观测值	168956	168956	168956	68956
R2	0.378	0.334	0.384	0.327
变量	成熟企业（old）			
	JCR	JDR	JGOWR	JVL
Zom	−0.025*** （−4.553）	−0.018*** （−4.122）	−0.030*** （−4.601）	−0.020*** （−4.26）
控制变量	有	有	有	有
年份、地区哑变量	有	有	有	有
观测值	1100914	1100914	1100914	1100914
R^2	0.372	0.368	0.378	0.355

注：*** 表示在1%水平下显著，括号内为t值。

2. 对不同规模企业的影响

Birch（1987）发现企业规模与企业成长呈反向关系，后续大量的研究证实了这一结论，即小企业是就业创造的主体。那么城市僵尸化程度对不同规模的正常企业的就业增长有什么差异性的影响呢？按照Mina和Santoleri（2021）的方法，我们将规模小于50人的企业定义为小企业，其他企业为大企业，回归结果见表3-5。结果表明，城市僵尸化程度对所在城市小企业的就业创造和就业净增长均表现出显著的弱化作用，并且对就业破坏和就业波动也均产生了促进效应；而对于大企业的就业创造和就业净增长表现出了显著的抑制作用，但对大企业的就业破坏和就业波动作用均不显著。比较而言，僵尸企业对小企业就业增长规模的弱化作用更突出，且弱化了小企业的就业稳定性。综合前文，可以发现假设3.2得到了证实。

表3-5 按企业规模分组的回归结果

变量	小企业			
	JCR	JDR	JGOWR	JVL
Zom	−0.037*** (−4.921)	0.025*** (6.459)	−0.051*** (−3.638)	0.018*** (3.052)
控制变量	有	有	有	有
年份、地区哑变量	有	有	有	有
观测值	514388	514388	514388	514388
R^2	0.435	0.429	0.442	0.413

变量	大企业			
	JCR	JDR	JGOWR	JVL
Zom	−0.042*** (−3.876)	−0.031 (−3.967)	−0.026*** (−3.048)	−0.029 (−3.275)
控制变量	有	有	有	有
年份、地区哑变量	有	有	有	有
观测值	755482	755482	755482	755482
R^2	0.392	0.365	0.378	0.360

注：*** 表示在1%水平下显著，括号内为t值。

3. 对不同技术密集度企业就业的影响

高技术企业是就业的倍增器，高技术企业的发展不仅有利于自身高技术就业的增长，而且可以通过投入产出关系影响其他企业的就业增长。我们将正常企业分成高技术企业和其他企业，回归后的结果见表3-6。可以看到，城市僵尸化程度对高技术企业的就业创造和净就业增长均表现显著的负向影响，就业波动系数为负，且在1%水平下显著。比较而言，僵尸企业对高技术企业的就业创造和就业净增长的破坏效应要大于对其他企业的破坏作用，这说明僵尸企业对高技术企业就业增长的抑制作用更明显，而且带来了更明显的就业波动，降低了就业稳定性，假设3.3得到了证实。

表3-6 分高技术企业和其他企业的回归结果

变量	高技术企业			
	JCR	JDR	JGOWR	JVL
Zom	−0.039*** （−5.521）	0.028*** （3.472）	−0.046*** （−6.789）	0.017*** （2.953）
控制变量	有	有	有	有
年份、地区哑变量	有	有	有	有
观测值	193524	193524	193524	193524
R^2	0.396	0.371	0.409	0.365
变量	其他企业			
	JCR	JDR	JGOWR	JVL
Zom	−0.020*** （−3.892）	−0.026*** （−3.448）	−0.019*** （−4.361）	−0.029*** （−3.995）
控制变量	有	有	有	有
年份、地区哑变量	有	有	有	有
观测值	1076346	1076346	1076346	1076346
R^2	0.388	0.376	0.325	0.362

注：*** 表示在1%水平下显著，括号内为t值。

（五）按僵尸企业的所有权属性分组的实证结果

方明月等（2018）认为中小民营企业是僵尸企业的主体，这种现象被认为是"中小民营企业之谜"。那么国有僵尸企业和民营僵尸企业对正常企业就业增长的规模和稳定性有何不同的影响呢？我们将僵尸企业按照所有权属性分为国有僵尸企业和民营僵尸企业，并根据式（3-4）计算城市国有僵尸企业化程度和城市民营僵尸企业化程度，回归结果见表3-7。从表中的结果可以看到，国有僵尸企业化程度对于就业增长的规模和稳定性均产生了比民营僵尸企业化程度更突出的抑制效应。我们的结论表明，虽然中小民营企业是僵尸企业的主体，但是国有僵尸企业对就业增长的规模和稳定性的恶化作用均比中小民营僵尸企业更突出，假设3.4得到证实。

表3-7　按僵尸企业所有权属性分组的回归结果

变量	JCR 国有僵尸企业化程度	JCR 民营僵尸企业化程度	JDR 国有僵尸企业化程度	JDR 民营僵尸企业化程度
Zom	−0.108*** (−8.697)	−0.035*** (−4.168)	0.054*** (4.329)	0.012 (1.304)
控制变量	有	有	有	有
年份、地区哑变量	有	有	有	有
观测值	1269870	1269870	1269870	1269870
R^2	0.458	0.361	0.422	0.327

变量	JGOWR 国有僵尸企业化程度	JGOWR 民营僵尸企业化程度	JVL 国有僵尸企业化程度	JVL 民营僵尸企业化程度
Zom	−0.121*** (−9.205)	−0.042*** (−3.277)	−0.025** (−5.674)	0.030 (1.065)
控制变量	有	有	有	有
年份、地区哑变量	有	有	有	有
观测值	1269870	1269870	1269870	1269870
R^2	0.404	0.392	0.378	0.323

注：**、***分别表示在5%、1%水平下显著，括号内为t值。

四、结论、政策建议及讨论

"稳就业"是各级政府的头等大事，而企业是创造就业的关键主体。研究就业增长的影响因素，并采取有针对性的对策，对于"稳就业、保就业"具有重要意义。目前已有文献鲜有关注僵尸企业的存在对就业的影响。本章基于城市层面的数据，从就业增长的规模和稳定性角度，研究了城市僵尸化程度对正常企业就业增长的抑制效应，研究发现僵尸企业通过挤出投资、抑制创新、扭曲税负等渠道削弱了正常企业的就业创造和就业净增长，带来就业破坏，加大了就业增长的波动性；工具变量及稳健性检验均证实了这一结论。进一步研究发现，城市僵尸化程度对就业创造的基本引擎——小规模企业和年轻企业就业增长的破坏效应更突出，同时对高技能就业创造的主体——高技术企业的就业增长破坏效应更显著，并且，国有僵尸企业比民营僵尸企业对正常企业的就业增长产生了更显著的破坏效应。

基于研究结论，本书提出相应的政策建议。

第一，由于僵尸企业削弱了正常企业的就业创造和就业净增长，带来就业破坏，加大了就业增长的波动性，因此，政府必须进一步推进供给侧结构性改革，减少对僵尸企业的补贴和支持措施，营造公平竞争的市场环境，充分发挥市场化政策和"创造性破坏"机制的作用，加快对僵尸企业的处置，从长远角度逐步减少僵尸企业，从而更好地达到"稳就业、保就业"。

第二，在僵尸企业的处置过程中，尤其要注意僵尸企业对正常企业中的小规模企业、年轻企业和高技术企业的破坏效应，政府及金融机构应该创新政策，在有效防控金融风险的前提下，有针对性地支持小规模企业、年轻企业和高技术企业，拓宽这些企业的融资渠道，以更好地实现就业创造和就业增长的稳定性，从而达到"稳就业、保就业"的目的。

第三，对国有僵尸企业和民营僵尸企业的处置要采取不同的措施，鉴于国有僵尸企业对稳就业有更突出的破坏效应，尤其要通过减少政府的干预政策，减少对国有僵尸企业的过度保护措施，加强对国有僵尸企业的处置。而民营僵尸企业的处置可能要加强银行业竞争，进行金融创新，并扶持有发展前景的民营企业，同时加强对民营企业之间互联互保的监管，对于民间借贷盛行的地区，更要注意防止传染效应的扩散。

　　由于不同类型的僵尸企业形成的原因存在较大差异，因此不同类型的僵尸企业对正常企业的就业增长的影响可能存在异质性的作用机制，这方面的研究有待进一步深入，以更好地为"稳就业，保就业"提供更为可靠、更为细致、更为精准的对策建议。

第四章
产业多样性、僵尸企业与城市加总就业

就业是最大的民生。我国每年新增1500万就业人口，在经济发展的增长速度换挡期，就业压力更为巨大。因此，研究就业创造的影响因素，并采取有针对性的优化措施，对于促进就业创造，提高经济发展质量具有重要意义。

僵尸企业被证明可以挤出正常企业的投资，不利于正常企业的创新等，因此，僵尸企业有可能对其所处城市的加总就业带来负向效应，但是这方面的文献非常稀缺。区域产业结构对于区域创新和经济增长的重要作用已经被大量文献所证实。但是，关于产业结构的何种知识外部性对于经济增长更具有突出意义却引起了较大的争议。Jacobs认为多样化的产业结构由于存在多样化的知识外部性，比专业化的产业结构更有利于激发企业创新，进而更好地助推经济增长。那么什么样的产业结构更有利于中国的就业创造？多样化的产业结构一定有利于推动就业创造吗？区域产业结构对于僵尸企业对城市加总就业的影响是否产生一定的调节作用呢？本章的研究试图回答这些问题，从而为政府采取有针对性的措施，促进就业创造提供政策参考。

本章不同于已有文献的特色在于，首先，立足于中国多样化产业结构的现实，将多样性分成相关多样性和无相关多样性，深入考察了城市层面的产业结构多样性对加总就业创造的影响，为从就业创造角度理解产业结构多样性对发展中国家的积极意义提供了一个可靠的视角。其次，深入考察了产业结构多样性对僵尸企业的就业创造抑制效应的调节作用。最后，在衡量城市加总就业创造方面，我们采用Haltiwanger等（2013）的方法，该方法采用微观企业就业数据加总，并综合考虑企业进入、退出、存续经营三种情况。这种方法比传统的使用区域总量就业增长指标更能够反映企业演化及其对就业创造的贡献。同时，在实证方法上，我们采用了空间动态面板数据模型，该方法能在考虑因变量的动态变化和空间溢出效应的同时，克服变量间的内生性问题，使估计结果更为真实、可靠。

一、理论假说

已有评价专业化外部性和多样化外部性对就业增长作用的经验研究，存在着不一致的结论。Glaeser等（1992）分析了1956—1987年美国城市就业增长的环境，结果表明多样化的产业结构更有利于就业增长，而专业化的产业结构限制了就业增长。但Henderson等（1995）却得到了不一样的结论，他们采用1970—1987年美国的数据研究，发现专业化的产业结构更有利于就业增长，唯一例外的是高技术产业。Combes（2000）研究了法国的经济发展，认为多样化的产业结构更有利于服务业的就业增长，但对制造业就业增长的作用较小。

鉴于产业多样性的概念是复杂且微妙的，Frenken等（2007）提出了一个非常关键的问题，即多样性的产业之间是相关的更容易促进经济增长，还是无关的更容易促进经济增长呢？他们的结论是相关多样性的产业促进地方知识在行业之间溢出的成本相对较低。这是因为这些相关的行业之间认知距离较小，因此存在互补性，其中包括共享能力，这使得产业间的有效联系成为可能，这些相关的产业之间更容易分享知识和信息。相反，无关多样性的产业之间，由于产业之间差异较大，存在较突出的认知差异，这将导致产业之间的知识传播可能会受到阻碍，由于他们完全不同，不连贯的知识基础使他们更难参与进来重组创新，从而阻碍了区域渐进性创新的产生。然而，无关多样性的产业之间由于存在较强的投资组合效应，能降低外部不对称的冲击影响，有助于降低经济的波动性，因此能抑制地区失业率的上升。Frenken等（2007）利用荷兰的数据研究，发现对于经济增长，相关多样性产生了显著的正向作用，但无关多样性的作用不显著。

这一结论已在几个国家得到证实，如 Boschma 和 Iammarino（2009）在意大利，Boschma 等（2013）在西班牙，Hartog 等（2012）在芬兰，都得到了与 Frenken 等（2007）类似的结论。但是 Van Oort 等（2015）利用欧洲国家层面的数据，发现相关多样性与无关多样性对地区的就业增长产生了无差异的影响。除了这些结果之外，Castaldi 等（2015）发现无关多样性影响了激进式创新的发展，即无关多样性倾向于依赖激进式创新，且能以不同的方式进行技术的多样化。因此我们认为，这两种形式的多样性都可能有利于经济增长，进而有利于就业创造，但由于相关多样性增加了知识溢出的可能性和有利于渐进式创新（主要是增量的），从而更有利于促进就业创造。

据此，我们提出假设 4.1：**产业相关多样性、无关多样性均对城市加总就业创造有积极作用，但产业相关多样性的作用更突出。**

产业多样性产生的知识溢出转化为推动地方经济发展、拉动就业增长的动力，这与城市的吸收能力有密切关系；城市吸收能力越强，就越能够吸收产业多样性的知识溢出。然而，同样的吸收能力对于不同种类的多样性知识溢出的吸收效果却不一样。Cohen 和 Levinthal（1990）强调知识的相关性对吸收的重要性，他们认为学习的对象都是相关的更有利于提升学习的效果。这主要是由于相关的产业之间认知距离较小，吸收的难度、成本都更低。而无关的产业之间存在较突出的认知差距，从而导致吸收成本更高，难度更大。也就是说，相关多样性的产业结构与无关多样性的产业结构相比，更容易让城市吸收知识溢出，从而推动地区经济增长，促进就业创造。

据此，我们提出假设 4.2：**相对于产业无关多样性，产业相关多样性更有利于加强城市加总就业创造效应。**

因为新知识在市场上是不容易被他人所接受或被交易的，因此往往是提出一些新知识和新思想的员工成为创业企业的创始人。对于这些创业企业的创始人来说，开创自己的事业往往是将这些创新转化为生产力的唯一途径。否则，这些创新的思想会被在职者所忽视，只能保持休眠和搁置状态。

由于渐进式创新比激进式创新（或称为根本性创新）的经济价值更容易评价，为了降低风险，在位企业更倾向于选择渐进式创新；而激进式创新更容易被创业企业所接受。Baumol（2004）通过观察美国的工业经济运行情况，也发现了这一经济现实。由于认知的距离，激进式创新更容易发生在无关的产业中；而渐进式创新更容易在相关的产业间产生。创业企业在引入激进式创新方面的显著作用，使得它们在不相关的知识领域和行业间的溢出效应尤为重要。因此，创业企业将知识转化为就业创造的动力在明显具有高度产业无关多样性的区域作用更为突出。

据此，我们提出假设4.3：**城市创业水平更有利于增加无关多样性产业的就业创造效应，而对于相关多样性产业的就业创造效应无显著影响。**

根据上一章的理论假设及其实证结果可以发现，僵尸企业的存在对于就业增长产生了一定的负面作用，这主要是由于僵尸企业挤出了正常企业的投资，抑制了正常企业创新，扭曲了税负，从而不利于就业增长。

由于企业的相互联系，产业多样性能够在一定程度上缓解僵尸企业带来的资金约束和技术约束，从而减轻僵尸企业的负面作用。尤其是相关多样性产业的作用更为明显。

据此，我们提出假设4.4：**产业多样性可以缓解僵尸企业对城市加总就业的负向作用，其中产业相关多样性作用更为突出。**

二、实证模型、变量与数据

（一）实证模型

由于城市加总就业创造是动态变化的，当期的城市加总就业创造水平不仅受制于当前条件，也必然受到前期条件的影响。同时，城市就业的跨空间流动性和竞争性，使得城市加总就业创造可能产生空间上的相互影响。因此，我们将城市加总就业创造的空间相关性也考虑进去，使用空间滞后动态面板模型来考察产业多样性对城市加总就业创造的影响效应。空间动态面板模型的突出特点在于：在考虑区域加总就业创造的动态变化和空间溢出效应的同时，又能克服变量间的内生性问题，使估计结果更为真实、可靠。空间动态面板模型由于其明显的优势，在经济学研究中越来越受欢迎，它结合了时间序列计量、空间计量和面板数据计量的优点，空间动态面板数据模型估计克服了动态但非空间的，或空间但非动态的面板数据模型的估计偏差。于是有模型：

$$JC_{ct} = \alpha_1 JC_{ct-1} + \rho \sum_{m=1}^{n} W_{cm} \times JC_{ct} + \beta_1 \ln RV_{ct} + \beta_2 \ln URV_{ct} + \gamma_1 X_{ct} + \eta_c + \eta_t + \varepsilon_{ct}$$

(4-1)

$$JC_{ct} = \alpha_1 JC_{ct-1} + \rho \sum_{m=1}^{n} W_{cm} \times JC_{ct} + \beta_1 \ln RV_{ct} + \beta_2 \ln URV_{ct} + \mu_1 \ln RV_{ct} * INT_{ct} + \mu_2 \ln URV_{ct} * INT_{ct} + \gamma_1 X_{ct} + \eta_c + \eta_t + \varepsilon_{ct}$$

(4-2)

其中，$\varepsilon_{ct} = \lambda \sum_{m \neq c}^{N} w_{cm} \varepsilon_{cm} + \mu_{ct}$。

式（4-2）与式（4-1）相比，考虑了城市的吸收能力和创新水平与产业多样性指数的交互项。模型中因变量 JC_{ct} 为城市 c 在 t 年的加总就业创造的衡量指标，RV 为相关多样性指数，URV 为无关多样性指数，INT 为城市异质的属性，即调节变量，我们考虑城市的吸收能力（Absor）、创业水平（lnEntership）这两个指标。X 为控制变量向量，根据已有文献，我们主要控制城市的贸易开放度（OP）、人口密度（lnPop）、人均工资（lnWage）等几个变量。η_c 为城市固定效应，用于控制不可观测的城市属性的影响；η_t 为年份固定效应，用于控制不可测的时间变化的影响。ρ、λ 分别为空间滞后系数和空间误差系数，当 $\rho=0$ 时，模型则退化为传统的动态面板数据模型；ε 为随机误差项。

W_{cm} 为反映不同城市空间相互关系的空间权重矩阵。空间权重矩阵我们使用二元相邻权重,同时考虑城市之间的现实经济联系,在常用的二元相邻权重 W_{cm} 的基础上加入各地区经济的影响,有 $W_{cm}^E = W_{cm} \times T_{cm}$;其中,$T_{cm}$ 可以反映城市间经济差异性,$T_{cm} = \ln\left(\dfrac{\overline{y_c}}{\overline{y_m}}\right)$,$\overline{y_c} = \dfrac{1}{t_k - t_0 + 1}\sum_{t_0}^{t_k} y_{ct}$,$y_{ct}$ 为城市 c 在 t 年的 GDP。一般而言,经济差异性越小的城市之间需求结构越类似,劳动力流动越频繁。在研究中,我们在引入空间滞后变量前将各权重矩阵进行标准化。由于空间动态面板数据模型存在因变量的动态变化和空间滞后项,因此运用传统的 OLS 估计明显存在偏误。Jacobs 等(2009)拓展了 Blundell 和 Bond(1998)的系统广义矩估计,用于核算空间效应,这种方法由于使用了工具变量克服了变量的内生性,因此相比传统的空间极大似然估计具有明显的优势。更为重要的是,他们发现系统广义矩方法比差分广义矩方法更能减轻空间滞后参数的偏向性。因此,我们也使用系统广义矩方法估计空间动态面板模型。

(二)城市加总就业创造的计算

我们借鉴 Haltiwanger 等(2013)的方法,运用中国工业企业数据库中的企业数据,构造包含企业进入、退出、存续经营三种情况的综合就业创造率指标的衡量方法:

$$g_{et} = \begin{cases} 2(e_t - e_{t-1})/(e_t + e_{t-1}) & \text{假如 } e_{t-1}, e_t > 0 \\ -2 & \text{假如 } e_{t-1} > 0, e_t = 0 \\ 2 & \text{假如 } e_{t-1} = 0, e_t > 0 \end{cases} \quad (4-3)$$

$$JC_{ct} = \sum_{e \in E_{st}, g_{et} > 0}\left(\dfrac{x_{et}}{X_{ct}}\right)g_{et} = \dfrac{\sum_{e \in E_{st}, g_{et} > 0}(e_t - e_{t-1})}{X_{ct}} \quad (4-4)$$

JC_{ct} 为城市 c 在 t 年的加总就业创造率指标,e 为企业就业,t 为年份,g 为综合增长率,X_{ct} 为城市 c 在 t 年的就业总量,是各个企业就业规模的加总。

（三）多样性指数

1. 无关多样性指数

我们采用 Frenken 等（2007）的方法，用两位数行业的熵值进行计算，无关多样性指数（URV）为

$$URV_{ct} = \sum_{c=1}^{I} pg_{ct} \log\left(\frac{1}{pg_{ct}}\right) \quad (4-5)$$

其中，pg_{ct} 为城市 c 在 t 年两位数行业的就业比重，I 为城市 c 在 t 年最大的两位数行业个数，并在模型中取对数。

2. 相关多样性指数

由于中国工业企业数据库中仅细化至四位数行业，根据 Frenken 等（2007）的研究，属于同一个两位数行业的四位数行业之间技术相关性较高，这些产业有相同的认知复杂度，这主要是因为在同一两位数行业下属的四位数行业之间所使用的技术和产品特性很多是近似的，所以有：

$$RV_{ct} = \sum_{g=1}^{G} pg_{ct} Hg_{ct}$$

$$Hg_{ct} = \sum_{i \in Sg} \frac{pi_{ct}}{pg_{ct}} \log_2\left(\frac{1}{pi_{ct}/pg_{ct}}\right) \quad (4-6)$$

式（4-6）中，pi_{ct} 为城市 c 在 t 年四位数行业的就业比重，G 为城市中最大的两位数行业个数，并在模型中取对数。

（四）其他变量

1. 城市吸收能力（Absor）

城市的知识基础是城市吸收能力的主要影响因素，我们使用城市科技从业人员占总就业人数的比例来衡量。

2. 城市创业水平（InEntership）

采用国际通行的做法，即用年度城市的私营新企业成立数量来衡量该城市的创业水平，受限于数据可获得性，我们采用每年城市制造业的私营新企业成立数代替，并取对数。

3. 贸易开放度（lnOP）

贸易开放可以通过技术溢出、资本投入、贸易竞争效应等促进经济增长，进而推动就业创造。同时，贸易开放意味着地区企业面临着更广阔的市场需求，使企业从规模经济中获利，进而促进就业创造。我们用城市进出口贸易总额与GDP总值的比率衡量，并在模型中取对数。

4. 人口密度（lnPop）

这一变量用于控制经济行为的空间集聚效应，人口密度大的地区，城市规模经济较明显，越能够为居民提供专业化的服务设施，如大学、商业服务、便利的交通设施等，从而更好地促进知识的产生和传播，有利于经济发展，进而促进就业创造。然而，人口密度过大，即出现过度拥挤的时候，企业成本反而提高，不利于就业创造，即规模不经济；我们取人口密度来衡量规模经济水平，并在模型中取对数。

5. 人均工资（lnWage）

由于高的地区工资反映了企业较高的用工成本，也意味着较高的企业进入壁垒，可能对地区经济增长产生阻碍作用，进而不利于企业的就业创造。但从另一个角度来看，更高的工资可以反映该城市较高的技能水平，更有利于经济增长，促进就业创造。因此，人均工资对就业创造的影响取决于正负两种作用的对比。该变量，我们使用企业数据库中同一年、同一城市的工业企业人均工资衡量，以2000年为基期，以价格指数进行平减，并取对数。

（五）数据来源及处理

本章研究的空间单位为地级以上城市，限于某些城市数据指标缺失，故选择275个地级以上城市为研究对象。我们的数据主要来源于中国工业企业数据库。该数据库中包含工业企业的行政区代码、行业代码、登记注册类型、相应年度的销售产值、固定资产年底余值、从业人数、开业时间、中间投入值、资本投入、工资支出等，为我们的研究提供了较全面的数据。我们对一些工业产值等关键变量出现明显错漏的企业进行删除、整理，最终得到待估计的企业数据。在此基础上，我们将企业数据与其所在城市相匹配。由于工业企业行业代码细化至四位数行业代码，我们把属于同一城市、同一两位数行业的企业进行合并分类，用于分别计算各个城市的相关多样性指数和无关多样性指数。其他相关数据来自相应年份的《中国统计年鉴》《中国城市统计年鉴》、各省统计年鉴及中经网统计数据库。表 4-1 为主要变量的描述统计。

表 4-1 主要变量描述统计

变量	最大值	最小值	均值	标准差
JC	0.191	0.094	0.143	0.022
RV	3.739	1.821	3.274	1.463
URV	1.428	0.219	0.655	0.287

三、实证检验结果

（一）基本计量结果

表 4-2 显示了空间动态面板模型考察城市的产业相关多样性、无关多样性对加总就业创造的影响效应。在使用空间动态的系统广义矩估计之前，必须检验空间相关性。Anselin 等（1995）用两种拉格朗日乘数检验（LM）来检验变量之间的空间滞后和空间误差的相关性。我们也运用拉格朗日乘数检验（LM）来进行空间滞后和空间误差相关检验，LM 检验统计结果见表 4-2。结果表明，LM 滞后稳健面板检验统计量比它的相应的临界值更大（p=0.000），而 LM 误差稳健面板检验统计量也均小于相应的临界值。这个结果意味着空间相互作用效应确实存在。关注系统广义矩（SYS-GMM）检验结果，可以看到 Hansen 过度识别检验统计量不能拒绝零假设，即这些工具变量是有效的。此外，AR（1）的 p 值均在 0~0.1 之间，说明残差项存在显著一阶自相关；而 AR（2）的 p 值全部大于 0.3，意味着残差项二阶自相关不存在。相关统计量值表明我们采用系统广义矩对空间动态面板模型进行估计是有

效且稳健的。

结果中空间滞后参数均显著为正，表明城市之间的就业创造具有空间相关性。从（2）、（3）、（4）列的报告结果可以看到，相关多样性的系数和无关多样性的系数为正，且在统计上均显著。这说明在我国城市多样性产业结构中，相关多样性和无关多样性均有利于城市加总就业创造。但比较而言，相关多样性的系数明显大于无关多样性的系数，这表明相关多样性的产业结构在我国城市比无关多样性的产业结构更易于促进就业创造，这一结论证实了假设4.1。这一结论与Frenken等（2007）的研究结论不谋而合，即相关多样性在认知差距（或互补）更为接近的产业间产生，其更有利于知识溢出，更有利于促进渐进式创新产生，能更好地助推经济增长，从而对于就业创造产生了更突出的促进作用。

表4-2 基本计量结果（空间动态面板模型——系统广义矩估计）

变量	（1）	（2）	（3）	（4）
常数	1.872*** （4.465）	−2.066** （−2.083）	0.719*** （5.052）	0.034 （1.028）
JC_{it-1}	0.649*** （4.350）	0.624*** （4.073）	0.686*** （4.419）	0.630*** （4.252）
$W \times JC_{it}$	0.284*** （3.265）	0.249*** （3.782）	0.257*** （3.455）	0.268*** （3.642）
lnRV		0.349*** （5.084）		0.366*** （5.427）
lnURV			0.074** （2.108）	0.059** （2.073）
OP	0.875*** （4.713）	0.882*** （4.356）	0.865*** （4.167）	0.791*** （3.823）
lnPop	0.054* （1.937）	0.066** （2.174）	0.058** （2.099）	0.046** （2.059）
lnWage	0.124 （1.385）	0.106 （1.159）	0.115 （0.893）	0.133 （0.923）
城市、年份固定效应	有	有	有	有

第四章 产业多样性、僵尸企业与城市加总就业

续表

变量	（1）	（2）	（3）	（4）
观测值	3575	3575	3575	3575
AR（1）	[0.023]	[0.034]	[0.026]	[0.022]
AR（2）	[0.388]	[0.376]	[0.354]	[0.363]
Hansen 过度识别检验	[0.571]	[0.577]	[0.568]	[0.580]

注：*、**、*** 分别表示在 10%、5%、1% 水平下显著，括号内为 t 值。

控制变量中，贸易开放系数显著为正，即贸易开放有利于促进城市加总就业创造。无论出口贸易还是进口贸易，都可以通过竞争效应、技术溢出效应、就业配置效应和出口市场规模效应促进经济增长，进而促进城市就业创造。该结论与魏浩和李晓庆（2018）的研究结论一致。

人口密度系数也显著为正，表明在目前的中国，人口密度带来的城市规模经济的正向作用大于规模不经济的负向作用，整体对就业创造表现出正向作用。人口密度大的地区，城市规模经济较明显，便利的基础设施降低了企业的生产成本，同时更好地促进了知识的产生和传播，有利于经济发展，促进了就业创造，这与我国大量的就业机会出现在较大城市的情况是一致的。

但人均工资对就业创造的作用却不显著。这说明人均工资对就业创造的积极影响和消极影响两种作用势均力敌，相互抵消，导致整体对就业创造的影响不显著。

（二）城市吸收能力和创业水平的调节作用

表 4-3 显示了使用空间动态模型考察的城市吸收能力、创业水平对产业多样性的就业创造效应的调节作用，我们同样使用系统广义矩进行估计。从表 4-3 中（1）、（2）、（3）列可以看到，首先，以城市科技从业人员占总就业人数的比例来衡量的城市吸收能力，对加总就业创造有显著的正向影响作用，科技从业人员所占比重越高，越有利于促进经济增长，进而有利于工业企业就业创造。

重点关注城市吸收能力与相关多样性指数、无关多样性指数的交互项系数,可以看到两个系数均显著为正,但是城市吸收能力与相关多样性指数的交互项系数的显著性和大小,均强于城市吸收能力与无关多样性指数的交互项系数。这表明,城市吸收能力加强了两种产业多样性的就业创造效应,但由于相关多样性的产业之间认知距离较小,产生的知识溢出更容易被吸收,城市吸收能力越强,就越容易将吸收的知识转化为促进地方经济发展的动力,进而促进就业创造。而无关多样性的产业间认知距离较大,吸收成本较高,所以相同的城市吸收能力,对于无关多样性产业的知识溢出的吸收及推动就业创造的正向作用相对较小,于是假设4.2得到证实。

从表4-3中的(4)、(5)、(6)列结果可以发现,城市创业水平对城市加总就业创造有突出的正向作用,Haltiwanger等(2013)发现新创企业在就业创造中比传统观念中就业创造的主要执行者——小企业更为重要。同样重点关注城市创业水平与相关多样性指数、无关多样性指数的交互项系数,可以发现城市创业水平与无关多样性指数的交互项系数为正,且显著;但与相关多样性指数的交互项系数则不显著。这说明城市创业水平有利于增进无关多样性产业的就业创造效应,但对相关多样性产业的就业创造效应无显著影响。主要原因在于,创业企业更容易接受无关多样性产业结构中产生的激进式创新,这对于城市加总就业创造有重要影响,从而证实了假设4.3。

表4-3 城市吸收能力和创业水平的调节作用

变量	INT= 吸收能力(Absor)			INT= 城市创业水平(lnEntership)		
	(1)	(2)	(3)	(4)	(5)	(6)
常数	1.543 (1.429)	-0.275*** (-2.618)	2.466 (0.248)	1.872*** (4.465)	-2.066** (-2.083)	0.719*** (5.052)
JC_{it-1}	0.522*** (3.674)	0.576*** (3.425)	0.534** (3.861)	0.617*** (3.572)	0.603*** (3.249)	0.608*** (3.488)

续表

变量	INT= 吸收能力（Absor）			INT= 城市创业水平（lnEntership）		
	（1）	（2）	（3）	（4）	（5）	（6）
W×JC$_{it}$	0.209*** (5.128)	0.217*** (5.782)	0.214*** (5.473)	0.237*** (4.951)	0.229*** (4.387)	0.232*** (4.872)
lnRV	0.327*** (5.001)	0.345*** (5.874)	0.319*** (5.690)	0.302*** (5.643)	0.308*** (5.370)	0.313*** (5.582)
lnURV	0.046** (2.018)	0.040** (2.139)	0.033** (2.062)	0.061** (2.044)	0.057** (2.109)	0.066** (2.084)
INT	0.472*** (3.236)	0.328*** (3.652)	0.311*** (3.109)	0.245*** (2.866)	0.228*** (2.834)	0.234*** (3.007)
lnRV×INT		0.043*** (3.559)			0.192 (1.457)	
lnURV×INT			0.008* (1.834)			0.073*** (3.462)
OP	0.817*** (3.522)	0.834*** (4.009)	0.801*** (4.172)	0.872*** (4.013)	0.893*** (3.963)	0.867*** (3.888)
lnPop	0.049*** (2.544)	0.041*** (2.863)	0.048*** (2.739)	0.039*** (2.870)	0.036*** (2.543)	0.041*** (2.925)
lnWage	0.146 (0.895)	0.157 (1.406)	0.098 (1.066)	0.188 (1.249)	0.172 (0.945)	0.168 (1.350)
城市、年份固定效应	有	有	有	有	有	有
观测值	3575	3575	3575	3575	3575	3575
AR（1） AR（2） Hansen 过度识别检验	[0.037] [0.362] [0.583]	[0.040] [0.354] [0.588]	[0.033] [0.367] [0.574]	[0.033] [0.351] [0.562]	[0.039] [0.344] [0.580]	[0.030] [0.348] [0.577]

注：*、**、*** 分别表示在 10%、5%、1% 水平下显著，括号内为 t 值。

四、进一步的研究

本部分试图研究产业相关性对僵尸企业的就业创造抑制效应是否存在正向的调节作用。首先在第三章的基础上，进一步考察僵尸企业对城市加总就业创造的影响效应，然后检验产业相关多样性及无关多样性对僵尸企业的加总就业创造抑制效应的条件作用。建立模型：

$$JC_{ct} = \alpha_1 JC_{ct-1} + \rho \sum_{m=1}^{n} W_{cm} \times JC_{ct} + \beta_1 Zom_{ct} + \gamma_1 X_{ct} + \eta_c + \eta_t + \varepsilon_{ct} \quad (4-7)$$

$$JC_{ct} = \alpha_1 JC_{ct-1} + \rho \sum_{m=1}^{n} W_{cm} \times JC_{ct} + \beta_1 Zom_{ct} + \mu_1 Zom_{ct} \times \ln RV_{ct} + \\ \mu_2 Zom_{ct} \times \ln URV_{ct} + \gamma_1 X_{ct} + \eta_c + \eta_t + \varepsilon_{ct} \quad (4-8)$$

上两式中，Zom_{ct}是城市c在t年的僵尸企业比率，僵尸企业的识别及城市僵尸化程度的计算办法见第三章。首先运用式（4-7）考察城市僵尸化程度对城市加总就业创造的影响效应，结果见表4-4。表4-4中，（1）列未加控制变量及固定效应，（2）列加了控制变量和固定效应，为更好地分析结果，我们以（2）列作为分析对象。从结果可以看到，城市僵尸化程度显著地抑制了城市加总创业，这一结果与第三章的结论是一致的。

表4-4 僵尸企业对城市加总就业创造的影响效应检验结果

变量	（1）	（2）
常数	−3.092*** （−5.456）	0.6351*** （31.184）
JC_{it-1}	0.698*** （8.475）	0.644*** （6.270）
$W \times JC_{it}$	0.289*** （3.204）	0.257*** （3.682）
Zom	−0.068*** （−7.133）	−0.052*** （−6.396）
控制变量	无	有
城市、年份固定效应	无	有
观测值	3575	3575
AR（1）	[0.046]	[0.030]
AR（2）	[0.375]	[0.329]
Hansen过度识别检验	[0.582]	[0.547]

注：*** 表示在1%水平下显著，括号内为t值。

表 4-5 报告了产业多样性对僵尸企业的就业创造抑制效应的改善作用,(1) 列为产业相关多样性的调节作用,(2) 列为产业无关多样性的调节作用。从检验结果中可以看到,产业相关多样性与僵尸企业比率的交互项（$lnRV \times Zom$）系数、产业无关多样性与僵尸企业比率的交互项（$lnURV \times Zom$）系数均显著为正,这表明产业无关多样性及产业相关多样性均改善了僵尸企业的就业创造抑制效应。从检验结果中还可以发现,产业相关多样性的改善作用明显大于产业无关多样性的改善作用,假设 4.4 得到证实。

表 4-5 产业多样性对僵尸企业的就业创造抑制效应的改善作用

变量	（1）	（2）
常数	−1.827*** （−6.349）	1.930 （1.043）
JC_{it-1}	0.544*** （5.230）	0.550** （7.164）
$W \times JC_{it}$	0.230*** （4.672）	0.226*** （6.104）
Zom	−0.045*** （−5.874）	−0.319*** （−5.690）
$lnRV \times Zom$	0.043*** （3.559）	
$lnURV \times Zom$		0.013*** （2.962）
控制变量	有	有
城市、年份固定效应	有	有
观测值	3575	3575
AR（1）	[0.043]	[0.039]
AR（2）	[0.382]	[0.344]
Hansen 过度识别检验	[0.524]	[0.519]

注:**、*** 分别表示在 5%、1% 水平下显著,括号内为 t 值。

五、研究结论与政策启示

在当前经济发展的增长速度换挡期,我国面临的就业压力非常大。

因此，研究就业创造的影响因素对于促进经济持续稳定发展具有重要作用。本章采用企业数据和275个地级以上城市的数据，使用在考虑因变量的动态变化和空间溢出效应的同时，又能克服变量间的内生性问题的空间动态面板模型，考察了产业多样性对城市加总就业创造的影响效应。我们将产业多样性分解成产业相关多样性和产业无相关多样性，研究发现产业相关多样性、产业无关多样性均有利于城市加总就业创造。但比较来看，产业相关多样性的作用更突出。城市异质性对产业多样性的就业创造效应有重要的调节作用，其中，城市吸收能力加强了两种产业多样性的就业创造效应，且更有利于加强产业相关多样性的就业创造效应；但城市创业水平仅对产业无关多样性的就业创造效应有积极意义。进而，本章研究了产业多样性对僵尸企业的城市加总就业创造抑制效应的改善效应，研究发现产业相关多样性的改善作用更为突出。

本章的研究蕴含一定的政策意义。

第一，政府要根据各城市的实际情况，通过降低要素流动壁垒，促进要素合理流动；鼓励产业合理集聚，并向上下游延伸，以创建多样化的产业环境。尤其是对于一些具有优势的产业，要采取政策推动在产业链的可能环节上发展相关产业，从而促进技术相关、知识互补的城市主导产业群的形成，进而促进城市的加总就业创造。

第二，政府在进行产业布局时，要同时考虑城市吸收能力的提升。必须进一步加强科技人才队伍的建设，提高科技服务人员占总就业人口的比重，并进一步打破科技人才的流动壁垒，促进人才在产业内和产业间合理流动，以促进城市对知识溢出的吸收，尤其是对相关性产业间知识溢出的吸收。

第三，对于城市内知识差距较大的无关多样性产业，政府应该通过金融激励、制度保障、税收优惠等政策措施推动企业创业；特别是对于一些在这类产业之间产生的具有潜在的可转化为生产力的激进式、颠覆式创新，可以通过引入风险投资、天使基金等措施支持这些新思想和新知识转化为创业企业的推动力量。

第四，政府在考虑缓解僵尸企业的负面效应时，可以通过发挥地区产业多样性的影响效应，借助地区产业结构的多样性特征，架起企业之间联系的桥梁，促进城市整体就业创造水平的提升。

第五章
僵尸企业、产业集聚与创造性破坏

党的十九大报告指出："激发和保护企业家精神，鼓励更多社会主体投身创新创业"。企业家精神是地区经济发展的重要动力，而企业进入市场的行为是企业家精神的重要彰显形式，能集中体现出地区经济市场竞争和技术创新的创造性破坏程度，对于地区经济增长和福利增加都有积极意义；并且新企业的进入可以通过促进经济发展降低地区之间的不平等程度。

虽然中国经济在改革开放后的几十年里保持了较高的增长速度，但是我国企业家创业和新企业创建的活力近年来也明显趋弱，制约着我国发展方式的转变。全球创业监测数据显示，我国16~68岁人口中进行创新创业的人口比重由2002年的5.8%下降到2012年的4.9%；2004年以来，规模以上工业企业中整个内资、民营和外商投资企业的进入率均呈现出明显下降态势。因此，研究影响企业进入市场的因素，对于采取政策促进企业进入市场，激发企业家精神具有重要意义。

虽然关于企业进入市场的研究文献日趋丰富，但已有文献未关注中国经济转型和发展中普遍存在的僵尸企业状况。而僵尸企业的存在可能通过多种途径对正常企业的进入行为产生约束性影响，从而限制社会成员福利的提高。

一、理论分析

Ahearne和Shinada（2005）发现20世纪90年代日本僵尸借贷导致生产率低的企业市场份额反而增加。Caballero等（2008）发现僵尸企业的存在造成市场拥挤，破坏了市场自发的创造性破坏。僵尸企业被认为造成了生产率停滞，阻碍了日本经济复苏（Griffin and Odaki, 2009；

Kobayashi, 2009；Garside, 2012）。Kwon 等（2015）发现僵尸企业是日本20世纪90年代末生产资源错配的主要原因，减少了日本的生产投入，降低了加总生产率。McGowan 等（2017）认为僵尸资本导致企业进入、退出市场受阻，破产制度的建立有利于促进资本重置。

聂辉华等（2016）、朱舜楠等（2016）和申广军（2016）深入分析了僵尸企业的成因，钟宁桦等（2016）在分析企业债务问题时提供侧面证据，论证了僵尸企业问题的存在性。张栋等（2016）拓展了CNK模型对钢铁上市公司进行僵尸企业的识别，发现中国钢铁业存在严重的僵尸化现象。黄少卿、陈彦（2017）基于一种综合方法，分析了中国僵尸企业的分布特征，并探讨了分类处置方法。其次是对僵尸企业的影响作用的研究。谭语嫣等（2017）研究了僵尸企业对非僵尸企业投资行为的影响，发现了挤出效应的存在。Shen 和 Chen（2017）发现僵尸企业挤出了健康的企业，导致并加剧了中国的产能过剩。

第一，僵尸企业通过要素错配效应抑制了企业的进入。企业进入和退出市场的行为是企业间通过要素重配提升加总生产率的主要方式。由于僵尸企业的存在强化了不完善的制度体制、政府政策和市场的不完全等扭曲市场的因素，这些因素的存在提高了企业进入和退出市场的壁垒，也阻碍了要素在企业间的自由重配。首先，区域间的要素市场分割削弱了资本和劳动力等要素的流动性，导致企业劳动生产率与要素边际报酬降低，进而不利于企业进入和退出市场。导致资源配置扭曲的原因则可能就是目前市场化程度较低的市场环境及政府的干预。大多数商业银行的国有属性、户籍制度限制、区域间市场环境的严重不平衡性等，都使得企业在要素资源获取方面存在巨大差异，或要素无法完全根据价格自由流动配置。尤其是针对国有企业，经济转型中的市场分割扮演了对国有企业进行隐性补贴的角色，从而导致一些僵尸企业出现，这些僵尸企业难以退出市场。Tan 等（2016）为这种扭曲性的政府偏向及国有企业的扭曲投资行为是僵尸企业出现的主要原因，这些僵尸企业的存在挤出了私营企业的投资；他们研究发现如果僵尸企业能得以退出市场，中国的产业增长率将能提高2.12个百分点，资本积累率能提高1.4个百分点，就业增长率也能提高0.84个百分点，全要素生产率也能提高1.06百分点。金融资源在僵尸企业和非僵尸企业之间存在明显的错配，僵尸企业的资本产出率和劳动生产率更低，利润率和资产回报率也更低，但却以更低的成本吸收了大量金融资源。另外，要素价格信号机制失去其应有功能，市场无法借此对要素进行最优配置，要素使用效率低下，企业进入市场受到严重阻碍。

第二，僵尸企业通过削弱市场竞争程度，进而抑制企业进入市场。市场竞争的优胜劣汰机制是企业进入和退出市场的根本动力，同时，企业进入和退出市场的行为进一步带来强大的市场竞争压力。然而，在地方利益的驱动下，地方政府有时会扭曲要素价格、提供各种投资补贴进行招商引资大战，地区的补贴性竞争使得市场的竞争机制被扭曲，优胜劣汰的市场选择机制难以充分发挥作用，从而不利于企业进入市场。欠公平的市场竞争一般与要素市场扭曲是联系在一起的，一些僵尸企业借助要素市场扭曲获得非公平竞争的成本优势，破坏了市场参与主体具有公平获得要素机会的权利——市场经济配置资源的原则。

据此，我们提出假设5.1：**僵尸企业抑制了以企业进入和退出市场的行为为代表的创造性破坏。**

产业集聚区存在更为激烈的企业演化状况，产业集聚可以通过企业演化渠道影响劳动力错配，即通过影响进入市场的企业种类、在位企业的种类得以实现；如果产业集聚减少了低生产率企业的数量，那么劳动力错配将降低，因低生产率企业减少而释放出来的劳动力往高生产率的企业重新配置，劳动力错配状况将得到改善，区域生产率将得到提高。首先，产业集聚所带来的较激烈的市场竞争被认为是企业演化和资源实现重新配置的主要原因。Combes等（2012）基于大城市的实际，研究了大城市企业生产率高于小城市的原因，他们认为其中存在与产业集聚相关的选择效应，由于大城市的产业集聚，导致市场竞争压力更大，生产率较低的企业无法进入大城市市场，提升了生存企业的生产率门槛，因此降低了资源错配。Haroon 和 Chaudhry（2014）利用巴基斯坦的数据，研究发现产业集聚程度更高的地区，企业进入和退出市场的活动更为频繁，而且退出更多低生产率的企业，从而有利于资源重配。邵宜航和李泽扬（2017）认为制造业企业空间集聚对新企业进入和制造业增长均呈现倒"U"型影响。其次，产业集聚有利于创新，促进企业的就业创造，即可以为就业者提供更多的"新工作"，从而降低劳动力错配。产业的集聚可以使得一些专业化的中间投入品能够扩大生产，达到规模经济的水平；同时，这使得企业能够将一些专业化的中间投入品外包给相应的生产商，而自身仅专注于最具优势的经济活动。Horbach 和 Janser（2016）发现在德国环境部门，产业集聚促进了创新产生，也刺激了新企业的进入，进而加速了就业增长。假如一些生产率更高的企业选址于经济特区等产业聚集区，它们可以比选址于其他区域的企业获得更多政府的政策支持、资金支持，享受更高水准的基础设施，从而有利于劳动力资源配置，削弱僵尸企业对要素扭曲的影响效应，进而提升地区加总生产率。

同时，产业集聚有利于削弱僵尸企业对其他企业融资约束的影响。产业集聚可以提升企业间、企业与银行间的信任度，从而降低企业的融资约束程度。空间集聚这种非正式的对企业融资约束具有缓解作用的渠道，主要是由企业之间的生产联系所带来的，企业可以通过更好的合同和延迟付款等方式从供应商中获得信贷支持；反之亦然，从而通过企业间投入产出关系形成信贷网络。意大利工业区的证据表明，生产集聚区内供应商和客户之间的地理距离、互惠性和重复交易增加了声誉和信任，减少了信息不对称的问题，从而有利于建立企业间的良好信用关系。而且，产业集聚产生的竞争作用，有利于增加企业的商业信用；市场竞争会刺激企业提供商业信贷以留住客户，防止客户转换交易对象。王永进和盛丹（2015）提出，地理集聚显著增加了企业的商业信用；他们认为地理集聚对商业信用的影响渠道主要有三方面：一是竞争效应；二是供应链效应；三是声誉机制。集聚不仅可以加强交易双方业务的往来，增加彼此之间的信任和商业信用活动，而且还通过加速信息扩散，促进声誉机制发挥作用，进而缓解企业融资约束。盛丹和王永进（2016）发现，产业集聚有利于促进企业获得银行贷款，并提高信贷资源的配置效率。茅锐（2016）认为产业集聚集中了固定资产的最佳使用者，有利于提升固定资产折变能力，从而削弱融资约束。因此，产业集聚可以帮助其他企业更好地通过商业信用等非正式金融获得资金支持。

据此，我们提出假设 5.2：**产业集聚削弱了僵尸企业对创造性破坏的抑制效应。**

二、模型、变量与数据

（一）模型设定

根据创造性破坏理论，新进入市场的企业带来了根本性创新和新产品，可能使得某些在位企业的产品和技术被淘汰，并可能迫使它们退出市场。Zhou 等（2017）认为企业进入和退出市场的行为具有相互影响的性质，因此参照 Zhou 等（2017）的方法，本书仅以企业进入市场为因变量，将企业退出市场作为解释变量之一，构建计数模型分析要素市场扭曲及其通过企业退出市场对企业进入市场的影响效应。

新进入市场的企业受到影响因素的限制，一个省区新进入市场的企业数量可用式（5-1）表示：

$$N_{ij} = g(X_{ij}^f, X_{ij}^r) + u_{ij} \qquad (5-1)$$

其中，N_{ij} 表示 i 省区 j 行业新进入企业的数量，x_{ij}^f 表示影响企业进入的行业变量，x_{ij}^r 表示影响企业进入的地区特征变量，u_{ij} 为随机扰动项。

对于新进入企业的数量，由于其为非负整数，选用计数模型（包括泊松模型或负二项分布模型）进行估计较为合适，我们假设新进入企业的数量遵循泊松分布，于是新进入企业的数量 N_{ij} 的概率密度函数如式（5-2）所示：

$$P(N_{ij}|X_{ij}) = \frac{e^{-\mu_{ij}}\mu_{ij}^{N_{ij}}}{N_{ij}} \quad (5-2)$$

其中，μ_{ij} 为泊松参数，其受制于一系列的解释变量 X_{ij}；μ_{ij} 与 X_{ij} 之间满足：

$$\mu_{ij} = E(N_{ij}|X_{ij}) = \exp(X_{ij}\beta) \quad (5-3)$$

对两边取对数，则有：

$$\ln[E(N_{ij}|X_{ij})] = \beta X_{ij} \quad (5-4)$$

其中，β 代表自变量 X 的系数，E（·）为期望值。X 是影响企业进入市场的地区特征变量和行业变量。泊松模型要求相对较为严格，一旦因变量数据过度分散，导致因变量的平均值与方差不相等，其估计结果将出现较大的偏误。为了解决这一难题，文献中往往采用两种方法：一是用 Eicker-White 修正来获得泊松模型估计的稳健值；二是在模型中引入随机变量 v~Gamma（1，α），用 λv 代替 λ，因此企业数量为 N~Poisson（N|λv）。在该假定下，企业数量 N 的分布就修正为负二项分布，记为 NB（λ，α），即可以用负二项分布模型进行估计。由于各地区进入市场的企业数量较为分散，故采用负二项分布模型进行估计可能较为可靠。为了选取最优模型，本书将采用两种方法进行选取：第一种采用 Greene（2008）等的方法，将研究对象变量的均值与方差比较，看是否相等且 alpha 检验是否显著，若两者基本相等且 alpha 检验不显著，则为一般离散，可采用泊松分布模型；假如方差明显与均值不相等，且 alpha 检验显著，则为过度离散，采用负二项分布模型。第二种方法则是将数据进行两种分布的拟合，分别比较偏差值（Deviance）及皮尔森卡方值（Pearson Chi-Square）与自由度的比值，如果比值偏离 1 的程度较大，则认为数据拟合过度离散，产生了超散布性问题。

我们构建基础模型：

$$\ln E(Entry_{ijt}|X_{ij}) = C + \alpha f(Exit_{ijt-1}) + \beta Zom_{it-1} + \phi Zom_{it-1} \times f(Exit_{ijt-1}) + \lambda RS_{ijt-1} + \gamma \sum_i Z + v_{it} + \varepsilon_{it} \quad (5-5)$$

为了考察产业集聚带来的调节作用，本章在式（5-5）中加入交互项，得到式（5-6）：

$$\ln E(Entry_{ijt}|X_{ij}) = C + \alpha f(Exit_{ijt-1}) + \beta Zom_{it-1} \times Agg_{it-1} + \phi Zom_{it-1} \times Agg_{it-1} \times f(Exit_{ijt-1}) + \lambda RS_{ijt-1} + \gamma \sum_i Z + v_{it} + \varepsilon_{it} \quad (5-6)$$

其中，i 为省区，j 为行业，t 为年份，Entry 为进入市场的企业数量，C 为截距；f（Exit）表示不同企业群体的退出率，Zom 为解释变量——僵尸企业比率，本章使用省级层面的数据；RS 为省区层面控制变量，包括对外开放度、国有企业产出比例、基础设施、金融发展等变量。Z 为一组哑变量，用于控制各省区、各行业及其他随时间变化的不可观测因素的影响，我们使用了省区哑变量（Reg）、行业哑变量（Ind）和年份哑变量（Year）进行控制。v 为个体效应，ε 为残差。由于企业是基于已有经济环境做出进入市场的决策，解释变量都采用滞后一期的数据；这样的处理也能够避免估计方程中各变量与被解释变量（进入市场的企业数量）之间相互影响带来的内生性问题。

（二）变量

已有文献中大多使用市场的企业进入（和退出）衡量创造性破坏。根据 Zhou 等（2017）的方法，用各省区新进入市场的企业数量衡量企业进入情况（Enter）；用退出企业数量与工业企业总量比值衡量企业退出率（Exit）。

僵尸企业比率（Zom）：僵尸企业的识别方法和计算方法与第三章一致，不过由于本章使用的是省级层面的僵尸企业比率，故将识别空间拓展到省。

行业层面控制变量：为了考察不同执业年限、不同规模的企业退出市场对企业进入市场的影响效应，我们引入四个产业层面的控制变量，包括：执业年限较长的企业退出滞后项（Exit_old$_{ijt-1}$），执业年限长于 4 年的为执业年限较长的企业；执业年限较短的企业退出滞后项（Exit_young$_{ijt-1}$），执业年限少于 4 年的为执业年限较短的企业；从业人员数大于或等于 200 人的企业为大规模企业，小于 200 人的为中小规模企业，于是有大规模企业退出滞后项（Exit_lager$_{ijt-1}$）；中小规模企业退出滞后项（Exit_Small$_{ijt-1}$）。

省区属性控制变量：产业集聚（agglom）用各地工业的区位商衡量；对外开放度（Open）用各地区各年进出口总值与 GDP 的比值衡量；国有企业产出比例（SOE）用各省区国有企业工业产值与地区工业总产值的比重测度；基础设施（INF）用铁路里程与省区面积比例衡量；金融发展（FD）我们用最具代表性的指标——金融相关比率，即以金融机构提供给私人部门贷款总额与 GDP 的比值度量。

（三）数据来源及其处理

本章的主要数据来自中国国家统计局的中国工业企业数据库，该数据库将全部国有企业和年收入 500 万元以上的非国有企业收纳在内。参考 Brandt 等（2012）的做法，采用企业法人代码识别企业的进入、退出、在位经营状况，即企业法人代码如果在 t-1 期未出现，而在 t 期出现，则认为企业在 t 期进入市场；在 t-1 期出现，但是在 t 期消失，则被认为企业在 t 期退出市场。但这仅仅是将问题简单化了，原因在于中国工业企业数据库仅将全部国有企业及年收入 500 万元以上的非国有工业企业收纳在内，按照这种数据处理原则，只要某个非国有工业企业年收入低于 500 万元，则该企业将被排除在数据库外，这时该企业将被我们视为退出市场，或者未进入市场，诸如此类的问题必将造成所谓的"虚假"进入、退出。为了简化问题，本章也与大多数文献的做法一致，仅考虑一般情况，即只要企业法人代码在 t-1 期没有出现，而在 t 期出现，则被认为是企业进入市场；在 t-1 期出现，但是在 t 期消失，则被认为是企业退出市场。其他数据来源于各年度的中国统计年鉴、各省统计年鉴和中经网统计数据库。

（四）企业进入和退出市场的统计分析

考察期内，平均的企业进入率为20.8%，退出率为12.6%；整体来看，企业退出率在这十几年间持续下降，从2000年的15.09%下降到2015年的10.88%。企业进入率波动较大，最低年份企业进入率为12.39%，最高的2010年企业进入率达到41.72%。比较来看，执业时间短的企业退出率要小于执业时间长的企业，中小规模企业退出率高于大规模企业。其原因可能在于在考察期内，中国进行了大规模的产业结构调整和企业改革，尤其是国有企业进行改制；一些执业时间长的企业由于生产率相对低下，市场适应能力较弱，竞争力不足，在改革和竞争中被淘汰出市场；而执业时间较短的企业包袱较小，可以更灵活地选择适应市场的产品和技术，因而退出率较低。中小规模的企业比起大规模企业，由于拥有的无形资产和有形资产都较少，在应对外部冲击和竞争时能力相对欠缺，从而更容易退出市场。

从地区分布来看，东部省区的企业进入率较高，尤其是浙江、福建、辽宁、江苏和山东的企业进入率长期高于企业退出率。而中西部省区的企业进入率相对较低，尤其是在加入世界贸易组织（WTO）之前的年份里，中西部省区的企业进入率与退出率相差不大，有的省份甚至进入率低于退出率（见表5-1）。

表5-1 企业进入、退出市场状况统计分析（2000—2015年）

变量	最大值（%）	最小值（%）	均值（%）	标准差（%）
企业进入率	41.72	12.39	20.8	9.21
企业退出率	15.09	10.88	12.6	3.68
执业年限长的企业退出率（执业年限大于或等于4年）	24.07	7.31	14.48	4.67
执业年限短的企业退出率（执业年限为1~3年）	16.37	5.91	9.47	2.89
大规模企业的退出率（从业人员大于或等于200人）	13.16	4.23	8.22	2.94
中小规模企业退出率（从业人员小于200人）	20.89	9.71	17.46	5.63

三、实证结果

（一）负二项分布模型与泊松模型的拟合效果比较

首先比较泊松分布模型和负二项分布模型对企业进入市场的拟合效果，进而选取更为合适的考察模型。从表5-2的报告结果可以看出，泊松分布模型中的偏差值（Deviance）和皮尔森卡方值（Pearson Chi-Square）与自由度的比值大于1，数据拟合过度离散，拟合效果不理想导致产生了超散布性问题。而负二项分布模型中的偏差值（Deviance）和皮尔森卡方值（Pearson Chi-Square）与自由度的比值均接近于1，既没有超散布性问题，也没有超集聚性问题，拟合效果较为理想。上述结果显示负二项分布模型比泊松分布模型更为合适，有利于减少估计偏误。

表 5-2　两种分布模型拟合效果对比

项目	泊松分布 （值/自由度）	负二项分布 （值/自由度）
Deviance	19.434	1.072
Scaled Deviance	19.434	1.072
Pearson Chi-Square	18.719	0.925
Scaled Pearson	18.719	0.925

注：Deviance为偏差，Pearson Chi — Square为皮尔森卡方。

（二）基础估计

从表5-3可以看到，超分布附属参数检验拒绝alpha=0的原假设，也表明负二项分布模型比泊松分布模型更优，因此本书的估计均使用负二项分布模型进行。从结果中可以发现，企业退出率的各滞后一期项均对企业进入（Enter）有显著的影响，这说明企业退出市场释放出来的资源、要素有利于吸引企业进入市场，这些要素从生产率相对落后的退出企业中重新配置到新进入企业，有利于要素的优化配置，也有利于促进新进入企业的发展壮大。大企业退出市场比小企业退出市场更有利于新创企业进入市场，同样，这可能主要也是得益于大企业占有较多的要素资源，大企业退出带来的要素重配更有利于新企业的发展，故而更能吸引新企业的进入。

表5-3 基本计量结果（负二项分布模型）

变量	（1）	（2）	（3）	（4）
$Exit\_lager_{ijt-1}$			0.049*** （5.572）	
$Exit\_Small_{ijt-1}$				0.028** （2.274）
Zom_{it-1}	−0.058*** （−4.352）	−0.065*** （−3.032）	−0.052*** （−5.174）	−0.049*** （−4.426）
$Zom_{it-1} \times Exit\_lager_{ijt-1}$			−0.024*** （4.711）	
$Zom_{it-1} \times Exit\_Small_{ijt-1}$				−0.009 （1.282）
年份哑变量	有	有	有	有
省区哑变量	有	有	有	有
行业哑变量	有	有	有	有
观测值	396102	396102	396102	396102
LR 检验	267.25***	231.59***	272.64***	256.88***
超分布附属参数检验 alpha=0	493.14***	417.88***	402.75***	475.83***
Log-likelihood 值	−2474.58	−2489.76	−2530.19	−2549.92

注：**、*** 分别表示在5%、1%水平下显著，括号内为t值。

重点关注解释变量僵尸企业比率对新企业进入市场的影响，可以看到，僵尸企业比率对新企业的进入有负向作用，且在1%的统计水平上显著。僵尸企业比率通过要素错配效应、削弱市场竞争、抑制企业创新等渠道，降低了企业进入市场的概率。从僵尸企业比率与各退出变量的交互项的实证结果可以发现，交互项的回归系数均显著为负，表明僵尸企业比率通过影响企业退出行为进而对企业进入市场产生了负面影响；这意味着僵尸企业比率不仅直接降低了企业进入市场的概率，而且通过限制企业退出削弱企业进入市场的行为。比较来看，僵尸企业通过限制大企业退出市场抑制企业进入市场的概率要大于通过限制小企业退出市场抑制企业进入市场的概率；在中国，大企业由于规模较大，承担着解决就业、融通资金的重任，地方GDP也依赖大企业，在要素市场扭曲的背景下，大企业较难以退出市场。

（三）分地区、分时段的估计结果

为了考察地区之间僵尸企业比率对创造性破坏的差异性影响，我们将全国分成东部、中部和西部；同时，为了考察加入WTO前后僵尸企业比率变化对创造性破坏的差异性影响，我们将考察期分成2000—2007年和2008—2015年两段。表5-4报告了分东部、中部、西部地区和分时段的计量结果，对于东部、中部、西部三大地区，僵尸企业比率均对企业进入市场有显著的负向影响作用。分地区来看，东部地区僵尸企业比率对企业进入市场的负向作用最小，中部地区次之，西部地区最大。其原因在于，东部地区要素市场发育相对成熟，政府对市场的干涉较小，僵尸企业比率相对较低；另外，东部地区市场更为开放，私营企业发展较突出，基础设施条件较好，金融发展水平较高，这些条件可能在一定程度上抵消了僵尸企业比率对企业进入市场的限制作用。分时间段来看，加入WTO后的2008—2015年，在三大地区，僵尸企业比率对企业进入市场的负向影响作用均更小。这主要是由于加入WTO后，随着开放程度的提升，资本和劳动力等要素市场受到来自外界更为突出的冲击，僵尸企业比率得到一定程度的改善，从而对地区企业进入市场的负向影响作用更小，这与戴魁早和刘友金（2016）的研究结论类似。

僵尸企业比率与企业退出市场的交互项系数在中部、西部地区均显著为负，而在东部地区不显著。这表明在东部地区，僵尸企业比率并未能通过降低企业退出市场的行为降低企业进入市场的概率。原因可能在于东部地区僵尸企业比率相对较小，对企业退出行为的负向作用较弱，而东部地区较强的企业退出效应带来的对企业进入市场的正向作用抵消了僵尸企业比率对企业进入市场的负向作用，从而使得东部地区的要素市场扭曲与企业退出市场交互项的系数不显著。中部、西部地区，由于僵尸企业比率较高，其通过限制企业退出市场进而对企业进入市场的概率产生显著的负向影响作用。

表5-4 分地区分时段的计量结果（负二项分布模型）

变量	东部 2000—2007年	东部 2008—2015年	中部 2000—2007年	中部 2008—2015年	西部 2000—2007年	西部 2008—2015年
$Exit_{ijt-1}$	0.033*** (4.127)	0.045*** (3.262)	0.044*** (2.539)	0.049*** (2.744)	0.040*** (3.571)	0.045*** (3.814)
Zom_{it-1}	−0.017*** (−3.385)	−0.012*** (−3.542)	−0.025* (−1.978)	−0.022*** (−4.305)	−0.035*** (−3.671)	−0.031* (−2.044)
$Zom_{it-1} \times Exit_{ijt-1}$	−0.009 (−1.388)	0.005 (1.042)	−0.012* (−1.982)	−0.019*** (−2.814)	−0.016*** (−5.072)	−0.022* (−1.997)
$Open_{it-1}$	0.539*** (3.624)	0.548*** (5.572)	0.203*** (4.269)	0.231*** (3.617)	0.137*** (4.235)	0.142* (1.993)
SOE_{it-1}	−0.073*** (−4.382)	−0.087*** (6.035)	−0.089*** (−3.042)	−0.090*** (−4.276)	−0.092*** (−3.042)	−0.097*** (−4.184)
INF_{it-1}	0.054*** (4.711)	0.060*** (5.247)	0.049*** (3.042)	0.052*** (5.383)	0.033 (1.042)	0.047* (1.884)
FD_{it-1}	0.125*** (4.267)	0.128*** (3.577)	0.080*** (3.819)	0.085*** (5.243)	0.067*** (4.451)	0.069*** (4.176)
年份哑变量	有	有	有	有	有	有
省区哑变量	有	有	有	有	有	有
行业哑变量	有	有	有	有	有	有
观测值	103877	130818	50255	65288	19664	26200
LR 检验	211.90***	259.38***	227.94***	276.81***	243.17***	271.83***
超分布附属参数检验 alpha=0	387.25***	379.74***	302.66***	325.79***	341.92***	374.61***
Log-likelihood 值	−2496.55	−2586.43	−2473.35	−2671.18	−2452.93	−2534.21

注：*、*** 分别表示在10%、1%水平下显著，括号内为t值。

关注其他控制变量，对外开放（Open）、基础设施（INF）、金融发展（FD）在三大地区考察期内均对企业进入市场的概率有显著的正向作用。对外开放程度较高的地区有较多的FDI集聚，政策更为灵活，FDI的技术溢出可以在一定程度上降低企业成本，有助于企业进入市场。较好的基础设施有利于降低企业成本，同时是企业所需要的人才集聚的重要原因，有利于提升企业利润，从而促进企业进入市场。企业生存与发展需要较多的资金，金融发展较好的地区能够使企业以较低的成本获得较充足的资金支持，有利于企业进入市场。国有企业比重（SOE）在三大地区均对企业进入市场的概率有显著的负向作用，国有企业为了保护自身利益，会通过政府的行政干涉，提高市场进入壁垒，限制私营企业进入市场。

四、产业集聚调节作用的研究

从理论分析可以发现，产业集聚可能对僵尸企业对创造性破坏的抑制效应存在一定的调节作用，于是，本部分利用模型（5-6）重新进行检验（结果见表5-5）。从结果中可以看到，产业集聚与僵尸企业的相应变量系数均显著为正，这表明产业集聚改善了僵尸企业比率对企业进入市场的抑制效应，证实了假设5.2。

表5-5 产业集聚的调节作用检验结果

变量	（1）	（2）	（3）
Zom_{it-1}	−0.052*** （−6.477）	−0.056*** （−3.962）	−0.052*** （−5.074）
$Zom_{it-1} \times Agg_{it-1}$	0.013*** （7.528）		
$Zom_{it-1} \times Exit\_lager_{ijt-1} \times Agg_{it-1}$		0.017*** （5.690）	
$Zom_{it-1} \times Exit\_Small_{ijt-1} \times Agg_{it-1}$			0.009*** （5.276）
年份哑变量	有	有	有
省区哑变量	有	有	有

续表

变量	（1）	（2）	（3）
行业哑变量	有	有	有
观测值	396102	396102	396102
LR 检验	288.65***	239.14***	279.28***
超分布附属参数检验 alpha=0	471.33***	465.04***	431.62***
Log-likelihood 值	−2482.43	−2490.64	−2679.33

注：*** 表示在 1% 水平下显著，括号内为 t 值。

进一步从地区比较来看（见表5-6），我们发现在中部、东部地区，僵尸企业比率与产业集聚的交互项系数均大于西部地区，这表明在中部、东部地区，产业集聚对僵尸企业的企业进入抑制效应的削弱作用比西部地区更大，其带来的降低创造性破坏抑制效应的边际作用更突出。

表5-6 地区异质性影响效应的计量结果

变量	东部 2000—2007 年	东部 2008—2015 年	中部 2000—2007 年	中部 2008—2015 年	西部 2000—2007 年	西部 2008—2015 年
Zom_{it-1}	−0.022*** (−5.258)	−0.019*** (−3.542)	−0.037* (−1.922)	−0.034*** (−3.764)	−0.040*** (−5.283)	−0.036*** (−2.962)
控制变量	有	有	有	有	有	有
$Zom_{it-1} \times Aggl_{it-1}$	0.019*** (3.772)	0.023*** (3.728)	0.014*** (5.681)	0.020*** (4.974)	0.010*** (3.522)	0.015*** (3.983)
年份哑变量	有	有	有	有	有	有
省区哑变量	有	有	有	有	有	有
行业哑变量	有	有	有	有	有	有
观测值	103877	130818	50255	65288	19664	26200
LR 检验	236.28***	249.43***	210.38***	247.59***	230.82***	247.09***
超分布附属参数检验 alpha=0	344.72***	361.59***	384.60***	373.82***	386.14***	391.74***
Log-likelihood 值	−2503.51	−2472.84	−2488.62	−2549.37	−2498.33	−2591.47

注：*、*** 分别表示在 10%、1% 水平下显著，括号内为 t 值。

五、结论与政策启示

企业进入市场的行为是企业家精神的重要彰显形式，能集中体现出地区经济市场竞争和技术创新的创造性破坏程度，对于地区经济增长和福利增加都有积极意义。本章研究了经济转型和发展过程中普遍存在的要素市场扭曲对企业进入市场的影响效应，理论分析发现，要素市场扭曲主要通过要素错配效应、削弱市场竞争、抑制企业创新等渠道影响企业进入市场的行为。本章通过构建负二项分布模型，实证检验发现要素市场扭曲不仅直接降低了企业进入市场的概率，而且通过限制企业退出削弱企业进入市场的行为。比较来看，要素市场扭曲通过限制大企业退出市场抑制企业进入市场的作用要大于通过限制小企业退出市场抑制企业进入市场的作用。分地区来看，东部地区要素市场扭曲对企业进入市场的负向作用最小，中部地区次之，西部地区最大。分时间阶段来看，加入 WTO 后，要素市场扭曲对企业进入市场的负向影响作用均更小。要素市场扭曲对企业进入市场的限制作用受到地区特征的影响，更高的产业集聚程度能更好地削弱要素市场扭曲对企业进入市场的抑制作用。从地区比较来看，在中部、东部地区，产业集聚对要素市场扭曲对企业进入市场的抑制效应的削弱作用更大。

研究结论蕴含的政策含义有五方面。

第一，完善要素市场，有利于促进创造性破坏，促进企业进入和退出市场的行为，进而提高社会福利。故此，政府在进行产业规划时，要积极推进要素市场建设，在中部、西部要素市场扭曲程度相对较高的地区更需要通过优化劳动力和资本等要素的市场配置，以此助推企业进入市场，促进地区提升市场活力。

第二，针对大规模企业和执业年限长的企业，如果已经确实失去竞争力，政府要有壮士断腕的决心，积极采取政策鼓励其退出市场，而不应采取扭曲的要素配置政策对其进行支持；否则，将更为严重地阻碍新企业进入市场，削弱创造性破坏。

第三，政府必须重视产业集群培育，并继续推进对外开放，鼓励更多地"走出去和引进来"；同时积极完善金融市场，以更好地削减要素市场扭曲对创造性破坏的抑制作用。

第四，加强国有企业改革，改变原有的国有企业偏向型政策，让市场代替行政垄断，加快推进政企分开、政资分开、所有权与经营权分离，促进要素市场的公平竞争，以优化要素资源的配置。

第五，市场进入率较低的中部、西部地区，尤其要加强产业集群发展，以更好地加快要素的流转，进而促进创造性破坏。

第六章
僵尸企业对创业数量和质量的影响
——银行业竞争重要吗

创业能够促进就业和经济增长，正如张开迪等（2018）认为中国的大众创业有利于为经济发展带来新动能。为进一步促进经济高质量发展，促进就业增长，中国政府出台了一系列鼓励创业的计划和措施。近年来，在各级政府的推动下，大众创业持续向更大范围、更高层次和更深程度推进，对新旧动能转换和推动产业结构升级，以及促进就业和改善民生均做出了突出的贡献。在新时期，进一步研究创业活动的影响因素，采取有针对性的对策，有利于提升创业活跃度和创业质量，进而促进经济高质量发展。

同时，在供给侧结构性改革的大背景下，僵尸企业引起了大量的关注。僵尸企业自身盈利能力低下，却以低于市场最优利率的成本吸收了大量信贷资源，依靠外界输血而存活。这类企业占用了大量社会资源但效率极低，扭曲了资本配置，破坏了市场竞争机制，因此对创业行为产生抑制效应，进而不利于地区高质量发展。Gouveia 和 Osterhold（2018）认为僵尸企业可以通过集约边际和扩展边际两方面破坏资源配置。国内学者谭语嫣等（2017）研究了僵尸企业对非僵尸企业投资行为的影响，发现存在挤出效应。王永钦等（2018）发现僵尸企业显著降低了正常企业（非僵尸企业）的专利申请量和全要素生产率。Geng 等（2021）发现僵尸企业对中国工业产业升级存在不利的影响。可以看到，国内外关于僵尸企业影响效应的研究文献日益丰富，但主要研究僵尸企业对企业创新、资源配置的影响，却鲜有文献关注僵尸企业对创业活动的影响。

银行业竞争加剧被认为有利于提高银行业的效率水平，降低企业融资成本（Barth et al., 2003）。在竞争压力下，银行出于对经营业绩和风险控制的考虑，会更关注对优质高效企业的信贷，扭转资源错配现象（张璇等，2020）。银行业竞争提高了市场在资源配置中的基础性作用，能够缓解中小企业、民营企业的融资约束。这样一来，银行势必会减少对僵尸企业的信贷投放，并增加对高效率企业的信贷配给，这在进一步优化信贷资源配置的同时加大了僵尸企业的生存风险（宋凯艺，2020）。因此，银行业竞争有可能削弱僵尸企业对创业的抑制效应，但是这方面少有研究涉及，并且，现有的关于银行业竞争对僵尸企业的影响的文献也存在分歧，有否定论（陈瑞华，2020；Shen et al, 2023）和肯定论（Zhang and Huang, 2022）。

本章立足于中国地级市层面，研究了僵尸企业对创业的"量"和"质"的影响效应，并着重考察了银行业竞争对这一影响效应的调节作用。本章的边际贡献主要表现在如下四个方面：一是在选题上，我们另辟蹊径，从创业的角度研究了僵尸企业对经济高质量发展的负面影响，本章的研究拓宽了关于僵尸企业的经济负效应的研究边界。二是现有研究创业的文献较多关注创业的"量"——创业的规模或者活跃度，但对创业的"质"——创业质量关注较少；而本章同时分析了僵尸企业对创业企业活跃度及创业企业质量的影响效应，使得研究更全面、更深入。三是在数据和指标设计上，对于创业企业活跃度的衡量，本章以企查查数据库作为数据采集平台，搜集了工商企业登记数据，研究中采用了大规模的微观企业数据，在创业企业活跃度的刻画上更为细致和准确。四是本章在研究僵尸企业与创业企业关系的基础上，引入了银行业竞争的调节作用，并且使用门槛面板模型等非线性分析方法考察银行业竞争的非线性调节作用，我们发现，当银行业竞争程度较低时，银行业竞争加重了僵尸企业对创业企业行为的抑制效应；但当银行业竞争程度较高时，则有利于改善僵尸企业对创业企业行为的抑制效应。

一、文献综述

(一)僵尸企业的形成、识别及影响效应研究

1. 僵尸企业的形成

银行掩盖不良贷款损失的不良动机被认为是僵尸企业出现的一个重要原因(Hoshi and Kashyap,2010)。第二个原因是政府的监管放松和政策支持(Jaskowski,2015)。聂辉华等(2016)认为在中国政治集权和经济分权的背景下,很多僵尸企业是维系本地区经济发展和政府官员政治晋升的重要因素,地方政府和企业之间会形成"政企合谋":地方政府给僵尸企业进行输血和补贴,对非僵尸企业施加就业压力和产量扩张压力,使得僵尸企业不断增加。方明月等(2019)认为中国中小民营企业僵尸化的主要原因是传染效应。而一些地方政府直接补贴,帮助僵尸企业生存,这是僵尸企业难以退出的重要原因(Chang et al., 2021)。

2. 僵尸企业的识别研究

美国和日本学者较早提出了僵尸企业的识别方法。最具代表性的是Caballero等(2008),他们以企业是否存在银行利息补贴作为认定僵尸企业的标准,并提出了所谓的CHK模型,该方法在国际上被广泛接受,也为后续定量化识别僵尸企业提供了强有力的基础。Fukuda和Nakamura(2011)、Nakamura和Fukuda(2013)及Imai(2016)在此基础上加入企业利润水平和杠杆率变化的信息对该方法进行了修正。Goto和Wilbur(2019)同时使用FN方法和CHK方法识别了日本中小企业中的僵尸企业,并重新估计了僵尸企业对日本实体经济的影响。

3. 僵尸企业的影响效应研究

Ahearne和Shinada(2005)发现20世纪90年代日本僵尸借贷导致生产率低的企业市场份额反而增加。Caballero(2008)发现僵尸企业的存在造成市场拥挤,破坏了市场自发的创造性破坏。僵尸企业被认

为造成了生产率停滞，阻碍了日本经济复苏（Griffin and Odaki，2009；Kobayashi，2009；Garside，2012）。Kwon 等（2015）发现僵尸企业是日本 20 世纪 90 年代末生产资源错配的主要原因，减少了日本的生产投入，降低了加总生产率。McGowan 等（2017）认为僵尸资本导致企业进入、退出市场受阻，破产制度的建立有利于促进资本重置。Gouveia and Osterhold（2018）认为僵尸企业可以通过集约边际和扩展边际两方面破坏资源配置。Carreira 等（2021）发现重构和退出壁垒的降低有利于减少僵尸企业占有的沉没资源，进而提升行业加总生产率。谭语嫣等（2017）研究了僵尸企业对非僵尸企业投资行为的影响，发现存在挤出效应。Shen 和 Chen（2017）发现僵尸企业挤出了健康的企业，导致并加剧了中国的产能过剩。王永钦等（2018）发现僵尸企业显著降低了同行业正常企业的专利申请数量和全要素生产率。Dai 等（2021）认为僵尸企业将通过供应链关系影响上下游企业的商业信用。吴清洋（2021）、Chao 等（2022）发现僵尸企业挤出了正常企业的污染投资，加剧了污水排放。

综上所述，虽然研究僵尸企业影响效应的文献非常丰富，但是鲜有考察僵尸企业对创业企业的影响效应的文献，利用微观工商企业查询数据和区域创新创业数据分析僵尸企业对创业企业数量和创业企业质量的影响的研究比较稀缺。

（二）影响创业的因素

影响创业的因素主要包括三个方面：个体特质、资源基础和外部环境。Cooper（1973）关于高技术创业活动的分析指出，影响新创办高技术型企业的因素主要有三个：一是企业家特征，包括使个体倾向于创业的各种背景特征；二是曾经工作过的组织，会成为孵化载体；三是外部环境因素，包括风险投资的可得性和对创业的态度。全球创业企业监测（GEM）关于创业的概念模型将个体因素和生态因素纳入分析框架，总体来看维度与 Cooper 的划分相近。

创业的外部环境常被称为创业生态环境，学者主要从金融支持、政府政策、政府项目、教育和培训、研发转移、商业/法律专业基础设施、市场开放度、实体基础设施及文化与社会规范等方面，探讨创业生态环境对创业活动的作用机理。

在有关创业生态环境的研究中，金融支持对创业的影响研究吸引了较多的关注，这方面的研究多从融资约束角度入手。已有学者证明了融资约束在创业期的存在，并会对创业产生负面影响（Cagetti and Nardi，2006）。许多潜在的创业者因为无法获得新建企业所需要的启动资金或初创期的维持资金而不能成功创业，而融资约束的存在正是金融体系不完善的直接结果。即使在美国，也有少数群体由于无法获得银行贷款，受到流动性限制，企业家更难以克服开办新企业的困难（Prieger，2023）。因此，信贷渠道的改善对于创业有显著的积极作用（Qin and Kong，2022）。地区的金融发展对于创业活动也具有显著的正向作用（Dutta and Meierrieks，2021）。

（三）银行业竞争的影响作用研究

已有研究发现，银行业竞争程度的提高对于企业融资约束会产生两种相反的作用：一方面，代理成本观点认为，银行业竞争的加剧有利于提高整个行业的效率水平，降低融资成本（Rajan，1992；Pagano，1993；Barth et al.，2003）。另一方面，信息不对称观点认为，银行业竞争的加剧会减少银行与企业建立紧密联系的激励，弱化银行的监督功能，从而加强企业融资约束（Petersen and Rajan，1995；Zarutskie，2006）。

银行业竞争对企业创新的影响吸引了大量文献的关注。银行业竞争通过绩效压力促使银行积极搜集和挖掘企业经营信息和财务信息（姜付秀等，2019），确实能够优化信贷资源在企业间的配置，促进银行信贷资金流入科技创新行业（Amore et al.，2013；Cornaggia，2015），不仅会提高高效率企业进入创新部门的概率，而且会激励在位企业进行创新活动（张璇等，2019；Huang et al.，2021），并且银行业竞争被证明对非国有企业、小企业和高新技术企业的创新投入有更积极的作用（Hou and Lu，2022）。

有关银行业竞争对僵尸企业影响的研究较少，而且仅有的文献存在较大的分歧。陈瑞华（2020）和 Shen 等（2023）认为总体上，银行业竞争促进了僵尸企业的形成，强化了僵尸企业的负外部性。而 Zhang 和 Huang（2022）则发现银行业竞争有利于抑制僵尸企业的形成，可以在一定程度上削减僵尸企业的负向影响。

二、理论假设

（一）僵尸企业与创业企业的关系

僵尸企业对创业企业的影响机制主要表现在如下三个方面。

第一，僵尸企业增强了正常企业的融资约束效应，因而不利于创业企业。Tan 等（2016）认为政府偏向于国有企业的扭曲投资行为是僵尸企业出现的主要原因，僵尸企业的存在挤出了正常企业的投资。金融资源在僵尸企业和非僵尸企业之间存在明显的错配，僵尸企业的资本产出率和劳动生产率更低，利润率和资产回报率也更低，但却以更低的成本吸收了大量金融资源。但是，一些资本产出率和劳动生产率更高的正常企业却较难获得信贷资金，而信贷资源对于创业企业具有更为重要的意义。Kerr 和 Nandn（2009）发现融资约束对于美国的创业行为产生了突出的抑制作用，银行通过缓解融资约束促进了创业行为。高超和蒋为（2021）的研究表明，缓解融资约束对居民的创业选择和创业规模均产生了显著的正向影响。因此，僵尸企业通过挤占大量的信贷资源，加大了正常创业企业的融资约束，从而削弱创业活跃度和创业质量。

第二，僵尸企业具有创新抑制效应，因而不利于创业。创新具有一定的市场扩张效应，由于创新产生了新产品或者新工艺，因而可能会产生新的市场机会，带来更高的利润，从而促进创业行为的产生。同时，企业创新具有较强的"市场窃取效应"，由于创新产品对于消费者而言具有更强的吸引力，或者有更强的价格竞争优势。因此，创新企业可能据此"窃取"竞争者的市场份额，甚至导致竞争能力不足的竞争对手退出市场，进而促进自身的发展。尤其是在技术创新密集区域，创新活动和创业活动的技术含量相对较高，通过技术创新可以提高企业生产率，提供新产品，或者改善产品性能，创新产品会因此具备更强的价值优势，从而产生创新价值叠加效应。然而，僵尸企业不利于正常企业创新，谭语嫣等（2017）研究了僵尸企业对非僵尸企业投资行为的影响，发现存在挤出效应。王永钦等（2018）发现僵尸企业显著降低了正常企业（非僵尸企业）的专利申请数量和全要素生产率。Dai 等（2022）认为僵尸企业将通过供应链关系影响上下游企业的商业信用，而商业信用作为非正式融资的重要形式，可以弥补信贷融资的不足，对于企业的创新具有突出意义。因此，僵尸企业可能通过抑制正常企业创新，进而不利于创业。

第三，僵尸企业通过资源错配效应抑制创业。马天明和吴昌南（2017）认为要素价格扭曲会导致要素价格与其机会成本相偏离，增加社会中的创业成本，削弱创业动机与创业活力，从而降低社会创业水平。于明超和吴淑媛（2020）发现，资本要素市场扭曲和劳动力要素市场扭曲显著抑制家庭创业活动的开展。而僵尸企业破坏了要素市场优化配置，导致要素市场扭曲，因而获得非公平竞争的成本优势，破坏了市场参与主体具有公平获得要素机会的权利这一市场经济配置资源的原则。Caballero 等（2008）发现僵尸企业破坏了市场自发的创造性破坏，Gouveia 和 Osterhold（2018）认为僵尸企业可以通过集约边际和扩展边际两方面破坏资源配置。因此，僵尸企业带来的要素市场扭曲导致创业企业成本上升，不利于创业。

据此，我们提出假设 6.1：**僵尸企业抑制了城市创业水平。**

（二）银行业竞争对僵尸企业与创业企业关系的影响

依据经典的产业组织理论，垄断的市场结构和竞争的市场结构会导致截然不同的经济效应。就银行业而言，垄断的银行业市场结构会导致贷款供给不足和贷款利率较高，而竞争的银行业市场结构则能够降低融资成本、增加信贷可得性（Love and Peria，2014），促进信贷的扩张（Carlson et al.，2022）。竞争压力能够迫使银行提高贷款效率，促进银行对企业信息进行搜集和甄别（Schaeck and Cihák，2012），从而有效降低银企之间的信息不对称。在竞争压力下，银行出于对经营业绩和风险控制的考虑，会更关注对优质高效企业的信贷，扭转资源错配现象（张璇高等，2020），即配置信贷资源是以企业效率而不是以所有权属性作为依据。

然而，当银行业竞争较弱时，由于地方政府在银行信贷决策中仍发挥着一定的作用，尤其是对于国有商业银行而言更是如此（陈瑞华，2020），同时，银行为抢占市场份额，很可能放松检查条件，降低信用标准（Shen et al.，2023），给僵尸企业等"坏"企业提供信贷支持，从而挤出正常企业的创业资金。

随着中国银行业市场竞争的加剧，中小银行营业网点数量迅速扩张，外资银行也不断进入，打破了国有银行的垄断地位，导致国有商业银行的营业网点数量收缩，强化了各类银行之间的竞争（张杰等，2017）。银行体系的垂直化改革和信贷审批权的上移，限制了地方政府对国有银行信贷决策的直接影响（王韧和马红旗，2019）。因此，银行竞争的加剧，使得商业银行拥有了更多的自主权，政府对其影响在逐渐减弱，银行为减少流动性损失，势必会加强信贷资产的质量管理，提高业务服务水平，争取更多的市场份额，并选择一些经营效益较高的企业进行信贷投放，以尽可能地减少不良贷款的发生，而低效率僵尸企业可能会因为无法获得资金支持退出市场。这有助于发挥市场的创造性破坏效应（何欢浪等，2019）。而且在竞争中，银行为了降低自身的经营风险，势必会进一步减少对僵尸企业的信贷投放，并增加对高效率企业的信贷配给。这将进一步优化信贷资源配置，从而改善创业的金融环境。

据此，本章提出假设6.2：**银行业竞争对僵尸企业的创业抑制效应存在非线性的调节作用，当银行业竞争程度较弱时，银行业竞争不利**

于削弱僵尸企业的创业抑制效应；当银行业竞争程度较强时，银行业竞争有利于削弱僵尸企业的创业抑制效应。

从银行业市场结构来说，不同类型的商业银行在服务实体经济的对象、能力和效率上存在显著差异（金友森和许和连，2021）。国有大型商业银行的贷款决策更加注重企业抵押品价值、财务报表、信用评级等"硬"信息（Berger and Black，2011）。大规模企业具有一定的成长历史和信用记录，财务信息披露更充分，抵押资产规模更大，更符合大银行的贷款要求，更容易获得大银行的贷款（林毅夫和孙希芳，2008）。而股份制银行、城市商业银行等中小银行在组织结构、获取信息等方面更具有优势（Berger et al.，2005），受到的政府干预相对较少，信息传递链条较短，为中小企业、新企业提供贷款时灵活度更高，对市场的反应更迅速（Jayaratne and Wolken，1999）。同时，中小银行更易于与邻近区域内的中小企业建立长期关系，更易于收集和处理企业"软"信息，并做出信贷决策。从银行竞争力角度来看，股份制银行和城市商业银行由于竞争力相对较弱，为了在竞争中赢得主动，这些中小银行会更多地向有发展前景的创业企业发放贷款。

据此，本书提出假设6.3：**股份制银行、城市商业银行在削弱僵尸企业的负面效应中发挥了更大作用。**

三、模型、变量与数据

（一）模型构建

我们构建如下基准模型研究僵尸企业对创业活动的影响：

$$En_{ct} = \alpha_0 + \beta Zom_{ct} + \gamma X + \mu_c + \varphi_t + \varepsilon_{ct} \qquad (6-1)$$

其中，c为地级及以上城市，t为年份，En为因变量，即各城市的创业活动；本章考虑两个变量，即创业活跃度和创业质量；Zom为各城市的僵尸化程度，衡量方法同第三章；X代表一系列控制变量；μ、φ分别表示城市与年份效应，ε为随机误差项。

（二）创业的衡量指标

创业活跃度（En1）：常用的创业衡量指标是地区私营企业数量，但是该数据仅有省级层面的。本章借鉴白俊红等（2022）的思路，以企查查数据库作为数据采集平台，搜集了考察期内小于或者等于42个月的新创企业微观数据。为了克服城市规模的影响，我们以城市每百人中新创企业数衡量城市创业活跃度。

创业质量（En2）：参考毛文峰和陆军（2020）等的方法，采用北京大学企业大数据研究中心研发的中国区域创新创业指数，该指数将城市初创企业的数量、创新水平、接受风险投资能力等指标综合起来，从而更为全面地衡量城市创业质量。同样，我们用人均形式克服城市规模的影响，并取对数。

（三）银行业竞争（BC）

本章利用国家金融监督管理总局官网公布的金融许可证信息提取各商业银行分支机构的机构代码、详细地址、批准成立日期和退出日期等，据此计算出各地级市各类商业银行分支机构的数量，进而构建反映银行业垄断水平的赫芬达尔指数：

$$HHI_{ct} = \sum_{k=1}^{K_{ct}}(Branch_{ckt} / \sum_{k=1}^{K_{ct}} Branch_{ckt})^2 \qquad (6-2)$$

其中，K_{ct} 为城市 c 第 t 年所拥有银行类型的数量，$Branch_{ckt}$ 为城市 c 第 t 年第 k 类商业银行分支机构的数量；HHI_{ct} 表示城市 c 第 t 年的赫芬达尔指数，取值在 0~1 之间，该指数为负向指标，为了更好地进行经济学解释，我们借鉴李明明和刘海明（2022）的做法进行变换，变换后得到银行业竞争的代理指标：HHIB=1-HHI，HHIB 越大，银行业竞争越激烈。

另外，为保证检验结果的稳健性，借鉴戴静等（2020）的方法，采用前五大银行市场份额来衡量银行业市场竞争程度（CR5），即前五大银行，包括中国工商银行、中国农业银行、中国银行、中国建设银行和交通银行分支机构数占该市全部商业银行分支机构数的比重。CR5

指标取值在 0~1 之间，该指标与赫芬达尔指数类似，也是负指标，值越小，表示银行业市场竞争越激烈。

（四）控制变量

借鉴已有文献及研究目标，本章控制以下变量：①经济发展水平（lnGDP）。经济发展水平越高，人口聚集度和经济容量都越高，有利于增加创业活动的收益，进而提升城市居民的创业意愿。用城市人均 GDP 测度。②外商直接投资（lnFDI）。外国直接投资给东道国带来了必要的资本，同时也带来了许多积极的溢出效应，包括知识外溢和技术革新创新效应等，而且国内企业可以向国外企业借鉴成功的经验，这些对东道国的创业行为有重要影响。参照张开迪等（2018）的方法，采用各城市实际使用外资金额衡量，取对数。③数字经济发展水平（DE）。数字经济发展自身有利于促进大众创业。推进数字化可以大大降低各种进入壁垒，因此可能会导致更多的创业。赵涛等（2020）发现数字经济可以通过影响市场规模、知识溢出和要素组合等培育出更多的创业机会，也会通过加快信息交互和思想传播等途径丰富创业资源，从而推动城市各类群体创业。限于数据可获得性，本章采用每百人互联网用户数衡量城市的数字经济发展水平。④产业结构（lndS）。城市的产业结构差异客观上反映了城市层面的资源禀赋、投入要素等条件差异。这种差异可能导致不同城市创业的难易程度及选择空间不同，进而影响城市创业活跃度和创业质量。本章采用城市第三产业所占的比重衡量产业结构。⑤市场化程度（Market）。市场化程度一定程度上影响着企业的交易成本、市场准入门槛等，从而对城市创业产生影响。本章综合考虑城市层面数据的可获得性等，参考 Wang 和 Qian（2011）的研究，采用 GDP 与政府预算的比值来近似表征市场化程度。

（五）数据来源

限于数据可获得性，本章以 272 个地级以上城市为研究单位。僵尸企业识别数据来自国家统计局的中国工业企业数据库，新创企业微观数据来自企查查数据库，城市创业质量数据出自北京大学企业大数据研究中心研发的中国区域创新创业指数。所有商业银行网点数据来源于国家金融监督管理总局官网。国家金融监督管理总局披露了1949年以来全国各种类型的商业银行的金融许可证信息，包括所有银行网点编码、名称、地址、批准成立日期等，利用地址信息提取网点所在城市。其他数据来自历年中国城市统计年鉴、各省统计年鉴和中经网统计数据库。

（六）描述统计

主要变量描述统计结果见表6-1。

表6-1 主要变量描述统计

变量	观测值	平均值	最大值	最小值	标准差
En1	4352	5.791	3261.328	0.003	26.784
En2	4352	1.715	2	0	1.438
Zom	4352	0.227	0.956	0.000	0.142
HHIB	4352	0.561	0.965	0.207	0.053
CR5	4352	0.459	0.723	0.604	0.088

四、实证结果

（一）基础模型估计结果

表6-2报告了僵尸化程度对创业活跃度和创业质量的基础模型检验结果，表中前两列的因变量为创业活跃度，后两列的因变量为创业质量。从表6-2中的结果可以看到，僵尸化程度（Zom）对创业活跃度和创业质量的影响系数均显著为负，表明僵尸化程度对创业活跃度和创业质量均存在显著的抑制作用，这证实了我们的理论假设6.1。比较来看，僵尸化程度对创业质量的影响系数的绝对值均大于创业活跃度；这说明在城市层面，僵尸企业对创业质量的抑制作用更突出。这主要是由于城市创业质量指标综合了企业家、资本与技术三大核心要素，僵尸企业不仅抑制了创业企业数量的增加，同时也可能对外来投资、专利授权数量和商标注册数量产生了负面影响，所以僵尸企业对

创业质量产生了更为突出的负向作用。

表6-2 僵尸化程度对城市创业活跃度和创业质量的影响检验

变量	En1		En2	
Zom	−0.021*** （−3.944）	−0.025*** （−5.931）	−0.040*** （−5.695）	−0.055*** （−6.428）
lnGDP		0.422*** （5.647）		0.392*** （4.690）
lnFDI		0.178*** （6.144）		0.208*** （5.763）
DE		0.247*** （4.829）		0.033 （1.175）
IndS		0.077 （1.470）		0.052 （1.062）
Market		0.095*** （3.670）		0.095*** （3.670）
年份、地区哑变量	有	有	有	有
观测值	4352	4352	4352	4352
R²	0.317	0.361	0.324	0.374

注：*** 表示在1%水平下显著，括号内为t值。

控制变量中城市经济发展水平、外商直接投资、数字经济发展水平对创业活跃度和创业质量均产生了积极的作用，这说明经济发展水平、外商直接投资和数字经济发展水平均有利于创业数量和创业质量的提高，且均对创业活跃度的正向作用更明显。

（二）基于工具变量的内生性检验

模型估计中内生性的存在经常是影响估计结果可靠性的重要因素，遗漏变量和反向因果问题是两个最常见的因素，容易导致结果存在偏误。参照谭语嫣等（2017）和邵帅等（2022）的思路，本章将各城市样本初期（2005年）的国有企业资产比重与上一年全国国有企业的资产负债率相乘，将其作为僵尸化程度的工具变量。该工具变量的设计完全符合工具变量的条件，首先，大多数研究结果表明国有企业比重与僵尸企业程度密切相关。其次，国有企业比重与国有企业资产负债率得到交互乘积以后，可以较好地体现国有企业对信贷资源的吸收效应，同时能较好满足工具变量的相关性和外生性条件。检验结果见表6-3。从表中可以看到，使用工具变量控制内生性后，僵尸化程度对城市创业活跃度和创业质量的影响系数及显著性基本与基础模型是一致的。

表6-3 基于工具变量的内生性检验结果

变量	En1		En2	
	（1）	（2）	（3）	（4）
IV	−0.011*** (−4.965)	−0.034*** (−5.329)	−0.025*** (−5.674)	−0.034*** (−5.262)
控制变量	否	有	否	有
年份、地区哑变量	否	有	否	有
观测值	4352	4352	4352	4352
R^2	0.374	0.383	0.435	0.419

注：*** 表示在1%水平下显著，括号内为t值。

（三）按僵尸企业的所有权属性分组的实证结果

方明月等（2018）认为中小民营企业是僵尸企业的主体，这种现象被认为是"中小民营企业之谜"，那么国有僵尸企业和民营僵尸企业对创业行为有何种不同的影响作用呢？我们将僵尸企业按照所有权属性分为国有僵尸企业和民营僵尸企业，并相应计算国有僵尸企业化程度和民营僵尸企业化程度，重新回归后的结果见表6-4。从回归结果可以看到，国有僵尸企业化程度对于城市创业活跃度和城市创业质量均产生了比民营僵尸企业化程度更突出的抑制效应。我们的结论表明，虽然中小民营企业是僵尸企业的主体，但是国有僵尸企业对创业活跃度及创业质量的负向作用均比中小民营企业更突出。这主要是由于当前的金融市场存在国有企业偏向性，国有企业可以获得规模更大、更为稳定的信贷支持，从而更多地挤出其他企业的资金，进而对创业活跃度和创业质量产生直接和间接的负面影响。而中小民营企业僵尸化的主要原因是传染效应，而这种传染效应是由于民营企业缺乏信贷支持的无奈之举产生的困局，很明显，该效应要小于国有僵尸企业带来的综合负面效应。

表6-4 按僵尸企业所有权属性分组的回归结果

变量	创业活跃度（En1）		创业质量（En2）	
	国有僵尸企业	民营僵尸企业	国有僵尸企业	民营僵尸企业
Zom	-0.041*** （-6.503）	-0.019*** （-3.855）	-0.046*** （-6.092）	-0.025** （-4.872）
控制变量	有	有	有	有
年份、地区哑变量	有	有	有	有
观测值	4352	4352	4352	4352
R^2	0.358	0.373	0.352	0.367

注：**、***分别表示在5%、1%水平下显著，括号内为t值。

（四）银行业竞争的调节作用检验

我们构建如下模型研究银行业竞争对僵尸企业与创业活动关系的调节作用：

$$En_{ct} = \alpha_0 + \beta_1 Zom_{ct} + \beta_2 BC_{ct} + \beta_3 Zom_{ct} \times BC_{ct} + \beta_4 Zom_{ct} \times (BC_{ct})^2 + \gamma X + \mu_c + \varphi_t + \varepsilon_{ct}$$

(6-3)

其中，BC为城市的银行业竞争水平，分别采用银行业集中度HHIB、CR5衡量，检验结果见表6-5。

僵尸企业与银行业集中度的一次和二次交互项对创业存在显著的影响，且一次交互项系数为负，二次交互项系数为正，这说明在银行业竞争较弱的城市，银行业竞争强化了僵尸企业对创业活动的抑制作用。但当城市银行业竞争达到一定程度后，银行业竞争会削弱僵尸企业对创业活动的抑制作用，结果证实了假设6.2，即银行业竞争对僵尸企业的创业抑制效应存在非线性的影响作用。僵尸企业与银行业集中度的二次交互项系数均显著为正,这说明银行业竞争对创业活跃度和创业质量均产生了积极作用。

表6-5 银行业竞争的调节作用

变量	En1		En2	
	HHIB	CR5	HHI	CR5
Zom	−0.021*** (−3.944)	−0.025*** (−5.931)	−0.040*** (−5.695)	−0.055*** (−6.428)
BC	0.422*** (5.647)	−0.422*** (−5.647)	−0.422*** (−5.647)	−0.422*** (−5.647)
Zom × BC	−0.178*** (−6.144)	−0.178*** (−6.144)	−0.178*** (−6.144)	0.178*** (6.144)
Zom ×（BC）^{2}	0.178*** (6.144)	0.178*** (6.144)	0.178*** (6.144)	0.178*** (6.144)
Control variables	控制	控制	控制	控制
年份、地区哑变量	有	有	有	有
观测值	4352	4352	4352	4352
R^2	0.317	0.361	0.324	0.374

注：*** 表示在1%水平下显著,括号内为t值。

（五）分不同类型银行的检验

为了检验不同类型的银行对僵尸企业的创业抑制效应的调节作用,我们分别计算国有商业银行、股份制商业银行、城市商业银行三类银行的银行业竞争贡献指数,分别为HHIB1、HHIB2、HHIB3（见表6-6）。计算办法是将式（6-3）中的分子换成对应类型商业银行的数量。从表6-6的结果中可以看到,僵尸企业与国有商业银行贡献额的一次交互项系数（Zom×BC）和二次交互项系数[Zom×（BC）^{2}]均不显著。而股份制商业银行贡献额、城市商业银行贡献额与僵尸企业的一次交互项系数均显著为负,但二次交互项系数均显著为正。这表明银行业竞争对僵尸企业的创业抑制效应的非线性调节作用,主要是由股份制商业银行、城市商业银行发挥出来的,而国有商业银行的作用不显著，这一结果证实了假设6.3。

我们认为，这主要是由于相对于国有商业银行，股份制商业银行和城市商业银行的信息获取渠道更为多样灵活，同时，股份制商业银行与城市商业银行不具有政策性任务，政府干预的影响较弱，追求市场利益是这类银行的主要目标，贷款利率具有更强的自主权。当银行业竞争程度较高时，在压力之下，股份制商业银行与城市商业银行的信贷资源能得到更好的配置。而与城市商业银行相比，股份制商业银行经营范围更广、经营方式更为多样，资金来源渠道更多，风险分散能力更强，而且能得到政府一定的支持，具有城市商业银行的经营灵活性和国有商业银行的稳健优势。因此，股份制商业银行在配置信贷资源上最具有效率，因而对僵尸企业的创业抑制效应产生的削弱作用最大。

表6-6 分不同属性银行的检验结果

变量	En1 HHIB1	En1 HHIB2	En1 HHIB3	En2 HHIB1	En2 HHIB2	En2 HHIB3
Zom	−0.328*** (−5.249)	−0.314*** (−5.980)	−0.330*** (−5.695)	−0.430*** (−3.728)	−0.435*** (−4.230)	−0.416*** (−4.891)
BC	0.108*** (4.061)	0.114*** (5.245)	0.102*** (6.027)	0.126*** (3.735)	0.118*** (5.931)	0.121*** (5.488)
Zom × BC	0.043 (1.262)	−0.069*** (−8.543)	−0.033*** (−6.498)	−0.016 (−1.436)	−0.072*** (−8.591)	−0.054*** (−6.794)
Zom × (BC)^2	0.102 (1.173)	0.055*** (7.291)	0.048*** (6.157)	0.084 (1.392)	0.063*** (6.905)	0.040*** (7.365)
控制变量	Y	Y	Y	Y	Y	Y
城市固定效应	Y	Y	Y	Y	Y	Y
年份固定效应	Y	Y	Y	Y	Y	Y
观测值	4352	4352	4352	4352	4352	4352
R^2	0.336	0.341	0.339	0.361	0.374	0.358

注：***表示在1%水平下显著，括号内为t值。

(六）稳健性检验

（1）采用替换自变量的方法进行稳健性检验。首先，在僵尸企业识别中，以营业总额替代利润总额作为重新识别的标准，得到僵尸化程度新衡量指标Zom1。其次，采用僵尸企业就业人员占比Zom2，僵尸企业产值占比Zom3，重新利用模型（6-1）进行检验，结果见表6-7。从检验结果中可以看到，替换城市僵尸化程度衡量指标后，除个别指标外，僵尸化程度依然对创业活跃度和创业质量产生了显著的抑制作用，这说明模型具有较强的稳健性。

表6-7 替换自变量的稳健性检验结果

变量	创业活跃度（En1）			创业质量（En2）		
	Zom1	Zom2	Zom3	Zom1	Zom2	Zom3
Zom	−0.018*** (−5.470)	−0.035** (−2.069)	−0.028*** (−3.926)	−0.017 (−1.563)	−0.052*** (−5.972)	−0.031** (−2.153)
BC	−0.018*** (−5.470)	−0.035** (−2.069)	−0.028*** (−3.926)	−0.017 (−1.563)	−0.052*** (−5.972)	−0.031** (−2.153)
Zom×BC	−0.018*** (−5.470)	−0.035** (−2.069)	−0.028*** (−3.926)	−0.017 (−1.563)	−0.052*** (−5.972)	−0.031** (−2.153)
控制变量	有	有	有	有	有	有
年份、地区哑变量	有	有	有	有	有	有
观测值	4352	4352	4352	4352	4352	4352
R^2	0.349	0.340	0.322	0.339	0.361	0.317

注：**、***分别表示在5%、1%水平下显著，括号内为t值。

（2）采用改变估计模型的方法进行稳健性检验（结果见表6-8），均证实了模型是稳健的。

表6-8 改变估计模型方法后的稳健性检验结果

变量	En1	En2
En（−1）	0.384*** (5.927)	0.401*** (6.946)
Zom	−0.021*** (−3.944)	−0.055*** (−6.428)

续表

变量	En1	En2
控制变量	Y	Y
城市固定效应	Y	Y
年份固定效应	Y	Y
AR（1）	0.006	0.003
AR（2）	0.488	0.592
Hansen test	0.274	0.296
Sargan test	0.762	0.551

注：*** 表示在1%水平下显著，括号内为t值。

五、基于面板门槛模型的非线性检验

前面我们采用了添加一次交互项和二次交互项的方法检验银行业竞争的非线性调节作用，但是这种方法无法得到具体的门槛值，得到的结论相对粗略。因此，本书采用 Hansen 提出的面板门槛回归模型，以城市银行业竞争程度作为门槛变量，对银行业竞争的门槛特征进行估计和检验。假设存在两个门槛值 θ_1 和 θ_2，则面板门槛模型可以写成：

$$En_{ct} = \alpha_0 + \beta_1 Zom_{ct} + \beta_2 BC_{ct} + \beta_3 Zom_{ct} \times BC_{ct} \times I(BC \leq \theta_1) + \beta_4 Zom_{ct} \times BC_{ct} \times I(\theta_1 \leq BC \leq \theta_2) + \beta_5 Zom_{ct} \times BC_{ct} \times I(BC > \theta_2) + \gamma X + \mu_c + \varphi_t + \varepsilon_{ct}$$

（6-4）

其中，$I(\cdot)$ 为示性函数，当满足括号内的条件时，该函数值取值为1，不满足时则取值为0。β_3、β_4、β_5 分别表示 $BC \leq \theta1$、$\theta1 < BC \leq \theta2$、$BC > \theta2$ 时银行业竞争的调节作用系数。根据模型（6-4），本章首先对银行业竞争的门槛效应进行了存在性检验，由于两个银行业竞争的衡量指标检验结果类似，我们仅报告 HHIB 为门槛变量的检验结果（见表6-9）。由表6-9可知，对于创业活跃度（En1），银行业竞争的调节作用存在显著的单一门槛效应，其F统计值为16.983，通过5%的显著性水平检验；对于创业质量（En2），同样具有单一门槛效应，F值为12.083，通过5%的显著性水平的检验。

表 6-9　银行业竞争的调节作用的门槛效应检验结果

门槛变量	因变量	门槛数	F 统计量	P 值
HHIB	En1	单一门槛	16.983	0.039
		双门槛	11.447	0.126
		三重门槛	9.526	0.137
	En2	单一门槛	12.083	0.052
		双门槛	10.625	0.109
		三重门槛	9.430	0.115

由表 6-10 可以看出，就创业活跃度（En1）而言，当银行业竞争度小于 0.904 时，反映其调节作用的交互项系数为 -0.039，通过 1% 的显著性水平检验；而当银行业竞争度超过 0.904 时，交互项系数为 0.023，且在 5% 的水平上显著。就创业质量（En2）而言，当银行业竞争度小于 0.922 时，反映其调节作用的交互项系数为 -0.057，通过 10% 的显著性水平检验；而当银行业竞争程度超过 0.922 时，交互项系数为 0.016，且在 1% 的水平上显著。当银行业竞争度低于门槛值时，银行业竞争度位于低区制，银行业竞争对僵尸企业的创业抑制效应的调节作用显著为负；但当银行业竞争度高于门槛值，即银行业竞争度位于高区制时，银行业竞争对僵尸企业的创业抑制效应的调节作用显著为正。这一结果可以在一定程度上协调银行业竞争对僵尸企业作用的"肯定论"（Zhang and Huang，2022）和"否定论"（陈瑞华，2020；Shen et al，2023），即银行业竞争对僵尸企业的创业抑制效应存在非线性的门槛作用，在低区制，银行业竞争加剧了僵尸企业对创业的抑制作用；而在高区制，银行业竞争则削弱了僵尸企业对创业的抑制作用。另外，检验结果还表明，对于创业质量，银行业竞争的门槛值更高。

表 6-10　面板门槛模型检验结果

变量	En1	变量	En2
Zom	-0.021*** (-3.944)	Zom	-0.040*** (-5.695)
BC	-0.422*** (-5.647)	BC	-0.422*** (-5.647)

续表

变量	En1	变量	En2
Zom × BC （BC<0.904）	−0.039*** （−6.268）	Zom × BC （BC<0.922）	−0.057* （−1.948）
Zom × BC （BC ≥ 0.904）	0.023** （2.144）	Zom × BC （BC ≥ 0.922）	0.016*** （3.711）
控制变量	有	控制变量	有
城市固定效应	有	城市固定效应	有
年份固定效应	有	年份固定效应	有
观测值	4352	观测值	4352
R^2	0.317	R^2	0.324

注：*、**、*** 分别表示在 10%、5%、1% 水平下显著，括号内为 t 值。

六、结论与政策启示

创业对于推动产业结构升级、促进就业、改善民生均具有重要的意义。然而，转型国家中大量存在的僵尸企业通过加大对正常企业融资的约束、抑制正常企业创新、扭曲资源配置等渠道，对创业行为产生抑制效应，进而阻碍地区高质量发展。虽然目前研究僵尸企业对转型国家负面影响的文献日益丰富，但是鲜有文献关注僵尸企业对创业行为的影响。本章基于中国 272 个地级城市的数据，在理论分析的基础上，运用面板固定效应模型、面板门槛模型考察了城市僵尸化程度与创业的"量"（创业活跃度）和"质"（创业质量）的关系，并着重分析了银行业竞争的调节效应和门槛效应。本章的研究不仅拓宽了僵尸企业经济负效应的研究边界，而且丰富了银行业竞争与僵尸企业关系的研究。

（一）本章研究结论

（1）城市僵尸化程度对城市创业活跃度和创业质量均产生了显著的抑制作用。比较而言，僵尸化程度对创业质量的抑制效应比对创业活跃度的抑制效应大，工具变量法及稳健性检验均支持该结论；国有僵尸企业比民营僵尸企业对创业活动的削弱作用更明显。

（2）银行业竞争对僵尸企业的创业抑制效应存在非线性的调节作用，当银行业竞争程度较低时，银行业竞争增强了僵尸企业的创业抑制效应；而当银行业竞争程度较高时，银行业竞争削弱了僵尸企业的创业抑制效应。这种改善作用主要是由股份制商业银行、城市商业银行带来的，国有商业银行作用不显著。

（3）本章通过面板门槛模型检验发现，对于创业活跃度（En1），当银行业竞争度小于 0.904 时（位于低区制），银行业竞争对僵尸企业创业抑制效应的调节作用显著为负，系数为 –0.039；而当银行业竞争度超过 0.904 时（位于高区制），银行业竞争对僵尸企业创业抑制效应的调节作用显著为正，系数为 0.023。就创业质量（En2）而言，当银行业竞争度小于 0.922 时（位于低区制），银行业竞争对僵尸企业创业抑制效应的调节作用显著为负，系数为 –0.057；而当银行业竞争程度超过 0.922 时（位于高区制），银行业竞争对僵尸企业创业抑制效应的调节作用显著为正，系数为 0.016。

（二）政策启示

（1）由于僵尸企业对创业的"量"和"质"均具有明显的抑制作用，尤其对城市创业质量的抑制作用更突出，因此，在积极采取政策提升创业活跃度，提高创业质量的同时，政府必须进一步推进供给侧结构性改革，加快建立健全僵尸企业有效退出机制，以营造更为健康的城市创业环境。充分发挥市场化政策和创造性破坏的机制作用，从长远规划方面逐步减少僵尸企业，从而助推创业的"量"和"质"的提升。

（2）对国有僵尸企业和民营僵尸企业的处置要探索不同的措施，鉴于国有僵尸企业对创业活跃度和创业质量有更突出的抑制效应，尤其要通过减少政府的干预，减少对国有僵尸企业的过度保护，加强对国有僵尸企业的处置。而对民营僵尸企业的处置要适当扶持有发展前景的民营企业，并且拓宽民营企业的融资渠道，加强对民营企业之间互联互保的监管，尤其是对于民间借贷盛行的地区，要在防范金融风险的同时，防止传染效应的扩散。

（3）在僵尸企业的处置过程中要促进银行业公平竞争，因此，在金融供给侧结构性改革中，要加快银行业市场的开放进程，降低市场准入门槛，在提高监管质量的条件下，充分发挥市场机制在银行业改革中的决定性作用，调动银行业市场的活力，让更多的中小银行、民营银行、外资银行等参与市场竞争，这些均有助于提高整个社会的信贷资源配置效率，淘汰效率低下和无自生能力的僵尸企业，提高银行业服务实体经济的整体效率。

（4）在促进银行业公平竞争的过程中，对不同的城市要有针对性，防止造成"一刀切"。对于银行业竞争度较低的城市，要继续推进银行业市场开放，持续推进金融市场化改革，鼓励金融产品多元化，降低银行进入壁垒。对于银行业竞争度已经高于门槛值的城市，要建立有效的信息识别机制和科学合理的贷款定价机制，以减少银行与企业间的信息不对称，为企业营造良好的外部融资环境。提高市场化水平，营造良好的法治环境，加强城市间监管合作，促进监管信息的充分交流与共享，减少银行信贷风险，促进金融稳定。在有效防控风险的前提下，金融监管机构要合理赋予地方性银行信贷业务权限，进一步提高信贷市场对企业的识别和筛选效率。

第七章
僵尸企业、数字经济发展与社会创业

国内外关于僵尸企业影响效应的研究文献日益丰富,但主要研究僵尸企业对企业创新、资源配置的影响,对于同样重要的僵尸企业对创业活动的影响,已有文献关注较少。

本章的边际贡献主要表现在如下三个方面。

第一,在选题上,我们另辟蹊径,从大众创业的角度,研究僵尸企业对经济高质量发展的负面影响,本章的研究可以弥补现有文献的不足;在方法上,我们采用了既能考虑地区空间溢出效应,又能较好克服变量内生性的空间动态模型进行检验,以得到更为可靠的结果。

第二,在对创业的衡量上,现有文献主要关注的是创业数量,而对更为重要的高质量创业指标——创业质量,却关注不多;我们将创业质量作为创业的重要衡量维度,纳入分析之中。与第六章对创业数量和质量的衡量不同,本章选取的空间范围是省级层面,主要从宏观层面入手衡量创业的数量和质量。另外,不同类型的创业,受到僵尸企业的影响可能存在差异性,我们区分创业的两种类型——机会型创业和生存型创业,以更全面地分析僵尸企业对创业活动的影响效应。

第三,我们考虑了地区数字经济发展对僵尸企业创业抑制效应的改善作用,并且将地区数字经济发展分解成互联网发展、数字金融发展,以便更细致地考察数字经济发展的调节作用。

一、理论假设

(一)僵尸企业对创业的抑制作用

僵尸企业通过挤出非僵尸企业的融资,抑制社会创业。Tan 等(2016)认为政府偏向于国有企业的扭曲投资行为是僵尸企业出现的主要原因，僵尸企业的存在挤出了私营企业的投资。金融资源在僵尸企业和非僵尸企业之间存在明显的错配，僵尸企业的资本产出率和劳动生产率更低，利润率和资产回报率也更低，但却以更低的成本吸收了大量金融资源。金融资源对于创业企业具有重要的意义。因此，僵尸企业通过挤占大量的金融资源，增加了创业企业的融资难度，从而抑制社会创业的数量和质量。

僵尸企业削弱企业创新，抑制社会创业。创新具有一定的市场扩张效应，由于创新产生了新产品、新工艺，因而可能会产生新的市场机会和更高的利润，从而促进创业行为的产生。同时，创新企业具有较强的"市场窃取效应"，由于创新产品对于消费者而言有更高的吸引力，或者有更强的价格竞争优势，因此，创新企业可能据此"窃取"竞争者的市场份额，甚至导致竞争能力不足的竞争对手退出市场，进而促进自身的发展。但是僵尸企业被证明不利于正常企业的创新，因此，僵尸企业通过削弱创业企业，抑制社会创业的数量和质量。

据此，我们提出假设 7.1：**僵尸企业抑制社会创业的数量和质量。**

（二）地区数字经济发展的改善作用

1. 数字经济发展自身有利于促进大众创业

推进数字化可以大大降低各种进入壁垒，因此可能会引发更多的创业活动。赵涛等（2020）发现数字经济可以通过影响市场规模、知识溢出和要素组合等培育出更多的创业机会，也会通过加快信息交互和思想传播等途径丰富创业资源，从而提高城市的创业活跃度。而且，新数字技术的使用降低了企业的经营成本，促进创业企业发展。例如数字技术可以通过使用人工智能或远程操控来降低初始人力成本。刘翠花（2022）认为数字经济激发了创业热情，数字经济发展通过促进科学技术创新和社会分工深化，助力实现产业结构升级和创业增长。

2. 数字经济发展有利于削弱僵尸企业对创业行为的抑制效应

首先，数字技术会显著提高企业或个人获得金融资本的可能性。

例如，通过数字众筹平台或金融科技服务机构融资时，这些平台依赖于大量可用数据来评估借款人的可信度。因此，数字技术可以更好地帮助私营企业获得金融支持。其次，数字经济的发展有利于优化资源配置。数字技术的发展有利于架构更顺畅的交流平台，从而促进要素流通，推动市场统一化。数字技术的应用有利于打破劳动力和资本的时间和空间障碍，为要素配置效率的提升带来了便利。在产品生产中，借助数字技术可以提升企业的生产要素配置能力和要素之间的协作水平，在缩短生产时间的同时节约生产成本。与此同时，在产品销售中，以数字化和网络化为基础形成了庞大的物流网络，拓展了企业的销售渠道和范围，同时减轻了库存压力，使资金周转更加灵活，提高了配置资本要素效率。最后，借助数字技术，创业者可以更好地进行科技创新，实现成果转化。

据此，本章提出假设 7.2：**地区数字经济发展有利于削弱僵尸企业对创业活动的抑制效应。**

二、模型、变量与数据

（一）模型构建

创业企业可能通过要素供应链，影响要素的跨区域流动，从而可能产生空间溢出作用，使得地区创业活动具有一定的路径依赖性质。因此我们构建空间动态面板模型研究僵尸企业对创业活动的影响：

$$En_{rt} = \alpha_0 + \alpha_1 En_{rt-1} + \alpha_2 W \times En_{rt} + \beta Zom_{rt} + \gamma X + \mu_r + \varphi_t + \varepsilon_{rt} \quad (7-1)$$

其中，r 为省份，t 为年份，En 为因变量，即各省区的创业活动，本书考虑了创业二维度（创业数量、创业质量）和创业二类型（机会型创业和生存型创业）；Zom 为各省区的僵尸企业比率，僵尸企业的识别和计算方法参照第三章；X 代表一系列控制变量，参照已有文献，主要控制对外开放度（Open）、基础设施（INF）、金融发展（FD）；μ、φ 分别表示省区个体与时间效应，ε 为随机误差项。W 为空间矩阵，考虑创业企业主要通过经济联系产生空间溢出，因此我们采用经济距离矩阵，计算方法如下：

$$W = \begin{cases} 1/|gdp_{rp}| & (r \neq p) \\ 0 & (r = p) \end{cases} \quad (7-2)$$

其中，$|gdp_{rp}|$ 为省区 r 和 p 之间的 GDP 差距。

（二）创业（En）的衡量

首先，我们区分了衡量创业的两个维度，即创业数量和创业质量。文献中常用新注册或者新成立企业数度量创业数量，也有些文献使用劳动力数量衡量。但这些方法仅将创业数量或者就业效应单独考虑。为了能将数量效应和就业效应同时考虑进去，从而更全面地衡量大众创业，我们参照李小平和李小克（2017）的方法，使用如下公式度量创业数量：

$$En_{it} = \frac{Qua_{it}}{Pop_{it}} \times \frac{Emp_{it}}{AEmp_{it}} \quad (7-3)$$

其中，Qua_{it}、Pop_{it} 分别为 i 省区在 t 年的私营和个体户企业数、人口总数；Emp_{it}、$AEmp_{it}$ 分别为 i 省区的私营和个体户企业就业人数、全部就业总人数。这种方法将大众创业的数量和就业效应都包括在内。

此外，创业质量在高质量发展成为时代主题的今天显得更为重要。由于不同学者对创业质量的内涵界定并不一致，因此测度创业质量的方式也存在较大差异。齐玮娜和张耀辉（2015）从创新性和规模性两个维度衡量创业质量；Szerbet 等（2019）用熊彼特创业指数，即用新企业的创新率衡量创业质量；孟宏玮和赵华平（2022）采用人均城市创新创业指数衡量城市创业质量。可以看到，不同于创业数量，创业质量主要强调创业的创新性。因此，根据我国省级层面数据的可获得性，本章主要从创业的创新性角度入手衡量创业质量，即将私营工业企业新产品产值占 GDP 的比重和高技术产业新产品产值占 GDP 的比重两个指标的数值均值化后，以 0.5 的权重加权求和得到。

已有文献常将创业分成生存型创业和机会型创业两种，它们在创业动机、个人特征、创业壁垒等方面存在较大差异。对于生存型创业，生存是创业者的动机，是迫于无奈进行的创业，创业者具有很强的被动性。而机会型创业，是利用现有的市场机会，主动出击进行创业。生存型创业是在劳动力市场上缺少就业机会的群体实现就业的重要途径，与其不同的是，机会型创业的主要目的是利用商业机会和实现个人价值。因此，僵尸企业对这两种类型的创业的影响可能存在一定差异性。已有文献通常分别用个体工商户和私营企业代表生存型创业和机会型创业，我们也采用这种思路。如公式中 Qua_{it} 为个体工商户企业数，Emp_{it} 为个体工商户企业就业人数，En 测度的就是生存型创业，Qua_{it} 为私营企业数，Emp_{it} 为私营企业就业人数时，En 测度的就是机会型创业。

（三）控制变量

对外开放度（Open）用各地区各年进出口总值与 GDP 的比值衡量。基础设施（INF）用铁路里程与省区面积比例衡量。金融发展（FD）用最具代表性的指标——金融相关比率，即以金融机构提供给私人部门的贷款总额与 GDP 的比值度量。

（四）数据来源及其处理

本章的研究空间为除西藏外的内地 30 个省（自治区、直辖市），企业数据主要来自国家统计局的中国工业企业数据库。我们首先从中国工业企业数据库识别出僵尸企业，由于有些僵尸企业可能退出市场，我们把这种情况剔除，仅保留在考察期内持续经营的僵尸企业样本。各省份人口相关数据及私营企业和个体企业数据来自《中国统计年鉴》《中国人口和就业统计年鉴》《中国私营经济年鉴》《中国农村统计年鉴》《中国科技统计年鉴》和各省统计年鉴，其他数据来自中经网统计数据库。

三、实证结果

（一）空间相关性分析

空间自相关的存在使传统统计方法不再有效，因为它与传统统计中基本假设的独立性和随机性相矛盾（Elhorst，2012）。为了全面研究创业四变量的空间自相关，我们使用全局和局部空间自相关指数进行检验。全局空间自相关指数通常用 Moran's I 指数来衡量，计算方法如下：

$$\text{Moran's I} = \frac{n}{\sum_i \sum_j w_{ij}} \times \frac{\sum_i \sum_j w_{ij}(x_i - \bar{x})(x_j - \bar{x})}{\sum_i (x_i - \bar{x})^2} \quad (7-4)$$

经检验发现，考察期内各省份的创业二维度（创业数量、创业质量）和创业二类型（机会型创业和生存型创业）的 Moran's I 值均大于 0，且通过了显著性检验，这说明各省区之间的创业活动存在显著的空间相关性。因此，在本章的分析中考虑创业活动的空间依赖性非常重要。

（二）基础估计

我们利用 Kukenova（2009）和 Jacobs 等（2009）提出的空间系统 GMM 方法估计空间动态面板模型。这种方法由于使用工具变量克服了变量的内生性，因此相比传统的空间极大似然估计具有明显的优势，更为重要的是，他们发现系统广义矩比差分广义矩更能够减轻空间滞后参数的偏向性。

表 7-1 报告了系统广义矩（SYS-GMM）检验僵尸企业对创业数量和创业质量的影响效应的结果，可以看到 Hansen 检验统计量不能拒绝零假设，表明工具变量是有效的。而且，AR（1）的 p 值均在 0~0.1 之间，说明残差项存在显著一阶自相关；而 AR（2）的 p 值全部大于 0.3，表明残差项不存在二阶自相关。统计量值证明我们采用系统广义矩对空间动态面板模型进行估计是有效且稳健的。

表 7-1　僵尸企业对创业数量和创业质量的影响效应检验

变量	创业数量				创业质量			
	全样本（1）	东部地区（2）	中部地区（3）	西部地区（4）	全样本（5）	东部地区（6）	中部地区（7）	西部地区（8）
En_{it-1}	0.769*** (8.466)	0.828*** (8.274)	0.791*** (8.184)	0.724*** (8.463)	0.711*** (4.127)	0.707** (5.096)	0.788*** (4.934)	0.723*** (4.436)

续表

变量	创业数量 全样本(1)	东部地区(2)	中部地区(3)	西部地区(4)	创业质量 全样本(5)	东部地区(6)	中部地区(7)	西部地区(8)
$W \times En_{it}$	0.071***(3.284)	0.088***(4.426)	0.074***(2.633)	0.062**(2.138)	0.028***(3.274)	0.045***(3.816)	0.033***(4.280)	0.021*(1.866)
Zom_{it}	−0.035***(−5.392)	−0.028***(−5.450)	−0.032***(−5.979)	−0.046***(−4.382)	−0.052***(−7.893)	−0.041***(−7.214)	−0.049***(−7.426)	−0.060***(−7.005)
$Open_{it}$	0.558***(4.399)	0.549***(4.926)	0.590***(4.788)	0.531***(4.467)	0.523***(5.815)	0.549***(5.205)	0.512***(5.684)	0.503***(5.336)
Inf_{it}	0.028(1.274)	0.065(1.032)	0.044(1.159)	0.031(0.905)	0.178(0.891)	0.095(1.288)	0.119(1.084)	0.127(0.982)
FD_{it}	0.345***(7.482)	0.309***(6.726)	0.325***(6.459)	0.368***(6.102)	0.364***(8.493)	0.337***(8.011)	0.359***(7.951)	0.367***(7.126)
行业、年份、地区哑变量	有	有	有	有	有	有	有	有
观测值	450	165	150	135	450	165	150	135
AR(1)	0.013	0.011	0.022	0.014	0.017	0.025	0.027	0.028
AR(2)	0.663	0.874	0.745	0.686	0.712	0.732	0.442	0.542
Hansen检验	0.164	0.178	0.172	0.155	0.259	0.279	0.319	0.292

注：*、**、***分别表示在10%、5%、1%水平下显著，括号内为t值。

从表7-1中的结果可以看到，对于创业两维度，全样本的僵尸企业（Zom）系数均显著为负，表明僵尸企业对创业活动的数量和质量均存在显著的抑制作用，这证实了我们的理论假设7.1。比较来看，对创业质量的影响系数的绝对值均大于对创业数量的影响系数的绝对值，这说明僵尸企业对创业质量的抑制作用更明显，即僵尸企业对高质量创业的抑制作用更强。这可能主要是由于影响创业质量的私营企业创新活动的融资约束更为突出，更容易受到僵尸企业的负面影响。因此，要提升地区的创业质量，注意僵尸企业的抑制作用非常重要。分三大地区来看，无论是对于创业数量还是对于创业质量，西部地区僵尸企业的负面影响最强，东部地区僵尸企业的负面影响较弱。

控制变量中，对外开放度在全样本及三大地区对创业数量和创业质量均产生了促进作用，且对创业数量的正向作用更明显，说明对外开放有利于创业数量和创业质量的提高，这主要是由于对外开放带来的经济增长、要素流动、知识溢出等效应提高了创业数量和创业质量。金融发展在全样本及三大地区均对创业数量和创业质量有正向影响效应。创业企业需要较多外部资金的支持，因此金融发展对于创业具有较突出的积极意义。但用铁路里程与省区面积比例衡量的基础设施对创业活动的数量和质量影响均不显著，这主要是由于这种方法衡量的基础设施没有抓住基础设施的质量。

（三）区分两种创业类型的影响检验

我们将大众创业分成生存型创业和机会型创业，重新利用模型回归，回归结果见表7-2。对于机会型创业和生存型创业，全样本的僵尸企业（Zom）的影响系数均显著为负，表明僵尸企业对机会型创业和生存型创业均存在显著的抑制作用。但是比较后可以发现，其对于机会型创业的系数绝对值和显著性明显强于对生存型创业的系数绝对值和显著性，对生存型创业的影响系数的显著性仅为5%，这说明僵尸企业对机会型创业的抑制作用要明显大于对于生存型创业的抑制作用。这主要是由于机会型创业的主体是私营企业，其在创造就业、助推经济增长、提升创新水平、促进社会发展等方面都更为突出。如Mrożewski和Kratzer（2017）研究发现，与生存型创业相比，机会型创业对创新及地区技术进步具有更突出的积极影响。而生存型创业主体是个体企业，其主要创业动机就是为了维持自己家庭的生存与发展，经营者的人力资本积累和创业能力明显更弱，企业规模比机会型创业企业要小。

因此，机会型创业需要更多的外部资金支持，也容易与僵尸企业产生竞争，故而受到僵尸企业的挤压作用更突出。分地区来看，整体上，也是西部地区的僵尸企业负面影响最突出。

表7-2 僵尸企业对机会型创业和生存型创业的影响效应检验

变量	机会型创业				生存型创业			
	全样本 (1)	东部 地区 (2)	中部 地区 (3)	西部 地区 (4)	全样本 (5)	东部 地区 (6)	中部 地区 (7)	西部 地区 (8)
En_{it-1}	0.811*** (8.075)	0.837*** (8.325)	0.851*** (8.856)	0.829*** (8.263)	0.549*** (5.183)	0.528** (6.392)	0.557*** (6.074)	0.561*** (6.684)
$W \times En_{it}$	0.176*** (3.588)	0.189*** (4.037)	0.175*** (3.839)	0.159*** (3.247)	0.093*** (5.602)	0.114*** (5.481)	0.086*** (5.192)	0.080** (5.693)
Zom_{it}	−0.084*** (−6.405)	−0.078*** (−6.311)	−0.081*** (−6.937)	−0.092*** (−5.128)	−0.057** (−2.064)	−0.043** (−2.092)	−0.055*** (−3.187)	−0.063*** (−3.873)
控制变量	有	有	有	有	有	有	有	有
行业、年份、地区哑变量	有	有	有	有	有	有	有	有
观测值	450	165	150	135	450	165	150	135
AR(1)	0.034	0.030	0.028	0.024	0.045	0.036	0.039	0.033
AR(2)	0.594	0.577	0.615	0.520	0.618	0.639	0.608	0.624
Hansen检验	0.182	0.164	0.161	0.168	0.211	0.232	0.294	0.327

注：**、***分别表示在5%、1%水平下显著，括号内为t值。

（四）影响机制检验

为了检验僵尸企业对创业活动的影响机制，我们构建中介效应模型：

$$Mid_{rt} = \alpha + \varphi Zom_{rt} + \gamma X + \mu_r + \varphi_t + \varepsilon_{rt} \quad (7-5)$$

$$En_{rt} = \alpha + \theta Zom_{rt} + \delta Mid_{rt} + \gamma X + \mu_r + \varphi_t + \varepsilon_{rt} \quad (7-6)$$

其中，Mid为中介变量，根据前文理论分析，依次将各省区的非僵尸企业的融资约束（FC）、企业创新（Innov）、要素市场扭曲（FMD）代入模型。各省区的非僵尸企业融资约束（FC），我们参照王雅琦和卢冰（2018）的做法，采用企业利息支出与总资产的比值来衡量，然后以该企业总资产占该省区所有非僵尸企业总资产的比重为权，加总后得到。该值越大，意味着该省区非僵尸企业面临的融资约束越小。各省区的企业创新（Innov），本章参考Geng等（2021）的思路，采用R&D投入来衡量，即用各省区规模以上工业企业的R&D投入取对数来衡量。要素市场扭曲（FMD），本章参考戴魁早和刘友金（2016）等的方法，使用基于标杆分析方法的相对差距指数来衡量，即$FMD_{rt}=[maxFM_{rt}-FM_{rt}]/maxFM_{rt}$，其中$FM_{rt}$为要素市场发育程度指数，$maxFM_{rt}$为样本中要素市场发育程度最大值。本部分用到的数据除来源于前文用到的数据库外，还来自各年度的《中国分省份市场化报告指数》。表7-3和表7-4报告了影响机制的检验结果，两表的En分别为创业数量和创业质量。

（1）融资约束（FC）效应。回归结果见表7-3、表7-4的（1）、（2）列，两表的（1）列中，Zom系数均显著为负，表明僵尸企业加大了非僵尸企业的融资约束。（2）列中Zom系数显著为负，且Mid系数显著为正，说明非僵尸企业的融资约束对创业数量及创业质量均产生了部分中介效应。创业需要较多的资金支持，融资约束是地区创业数量和创业质量受到抑制的重要原因。

（2）企业创新（Innov）抑制效应。表7-3和表7-4的（3）列中，Zom系数也均在1%的水平上显著为负，说明僵尸企业不利于企业创新；（4）列中Zom系数显著为负，且Mid系数显著为正，表明企业创新对创业数量及创业质量均产生了中介效应。可见僵尸企业通过抑制企业创新进而不利于地区创业数量和创业质量的提升。

（3）要素市场扭曲（FMD）效应。表7-3和表7-4的（5）列中，Zom系数显著为正，表明僵尸企业带来了要素市场扭曲，导致资源错配，这一结果与张璇和李金洋（2021）的研究结论是一致的。（6）列中 Zom 的系数和 Mid 系数均显著为负，说明僵尸企业导致要素市场扭曲，从而不利于创业数量和创业质量的提高。

表 7-3　影响机制检验结果（En 为创业数量）

变量	FC（1）	En（2）	Innov（3）	En（4）	FMD（5）	En（6）
Zom$_{it}$	−0.385*** (−7.924)	−0.128*** (−3.873)	−0.317*** (−6.334)	−0.092*** (−5.402)	0.266*** (5.683)	−0.109*** (−6.365)
Mid		0.413*** (4.845)		0.395*** (5.729)		−0.324*** (−5.198)
控制变量	有	有	有	有	有	有
行业、年份、地区哑变量	有	有	有	有	有	有
观测值	450	450	450	450	450	450
AR（1）	0.048	0.033	0.051	0.040	0.058	0.045
AR（2）	0.592	0.588	0.643	0.694	0.424	0.488
Hansen 检验	0.256	0.391	0.290	0.341	0.389	0.401

注：*** 表示在 1% 水平下显著，括号内为 t 值。

表 7-4　影响机制检验结果（En 为创业质量）

变量	FC（1）	En（2）	Innov（3）	En（4）	FMD（5）	En（6）
Zom$_{it}$	−0.344*** (−6.635)	−0.097** (−4.621)	−0.273*** (−4.951)	−0.134*** (−7.582)	0.275*** (4.483)	−0.114** (−2.274)
Mid		0.547*** (5.292)		0.429*** (8.531)		−0.393*** (−4.726)
控制变量	有	有	有	有	有	有
行业、年份、地区哑变量	有	有	有	有	有	有
观测值	450	450	450	450	450	450
AR（1）	0.052	0.067	0.047	0.061	0.044	0.056
AR（2）	0.615	0.590	0.622	0.643	0.707	0.683
Hansen 检验	0.307	0.389	0.367	0.384	0.433	0.424

注：**、*** 分别表示在 5%、1% 水平下显著，括号内为 t 值。

四、考虑数字经济发展水平的调节作用

（一）数字经济发展的调节作用

受数据可获得性限制，我们主要参考赵涛等（2020）的思路，从互联网发展和数字金融发展两个方面来衡量数字经济发展水平，指标体系见表7-5。

表7-5 数字经济发展指标体系

一级指标	二级指标	指标衡量方式
互联网发展水平	互联网普及率	每百人互联网用户数（人/百人）
	互联网相关从业人员数	计算机服务和软件从业人员占比（%）
	互联网相关产出	人均电信业务总量（元/人）
互联网发展水平	移动互联网用户数	每百人移动电话用户数（人/百人）
数字金融发展	数字金融发展	中国数字普惠金融指数（-）

数字金融发展，采用由北京大学数字金融研究中心提出的中国数字普惠金融指数表示，缺失数据采用插值法补齐。利用二级指标，本章采用熵权法测算得到数字经济发展综合指数（Digt）。我们将数字经济发展指数与省区僵尸企业比率（Zom）构成交互项，该交互项的系数可以用于分析数字经济发展对僵尸企业的创业抑制效应的调节作用，实证模型如下：

$$En_{rt} = \alpha_0 + \alpha_1 En_{rt-1} + \alpha_2 W \times En_{rt} + \beta_1 Zom_{rt} + \beta_2 Zom_{rt} \times Digt_{rt} + \beta_3 Digt_{rt} + \gamma X + \mu_r + \varphi_t + \varepsilon_{rt}$$

（7-7）

检验结果见表7-6，从表中各列可以看到数字经济发展（Digt）的影响系数均显著为正，说明数字经济发展的直接效应促进了创业，这一结果与赵涛等（2020）、刘翠花（2022）的结论是一致的，数字经济通过降低进入壁垒、提供更为便捷的金融服务、降低经营成本等渠道

来促进创业。比较创业二维度和创业二类型来看,数字经济发展对创业数量的促进作用要明显大于对创业质量的促进作用,对机会型创业的正向作用要大于对生存型创业的正向作用。

表7-6 数字经济发展对僵尸企业的创业抑制效应的调节作用检验

变量	创业数量 (1)	创业质量 (2)	机会型创业 (3)	生存型创业 (4)
En_{it-1}	0.788*** (6.890)	0.732*** (5.783)	0.894*** (7.436)	0.802*** (6.183)
$W \times En$	0.092*** (4.502)	0.075*** (4.269)	0.143*** (5.692)	0.166*** (5.183)
Zom	−0.049*** (−6.833)	−0.061*** (−6.727)	−0.072*** (−5.927)	−0.058*** (−5.830)
Digt	0.217*** (4.266)	0.194*** (4.828)	0.246** (3.729)	0.183** (3.288)
Zom × Digt	0.018*** (4.372)	0.025*** (4.858)	0.034*** (4.299)	0.017*** (5.182)
控制变量	有	有	有	有
行业、年份、地区哑变量	有	有	有	有
观测值	450	450	450	450
AR(1)	0.051	0.067	0.049	0.044
AR(2)	0.687	0.694	0.537	0.590
Hansen检验	0.288	0.307	0.471	0.448

注：**、***分别表示在5%、1%水平下显著,括号内为t值。

关键变量地区僵尸企业比率与数字经济发展的交互项(Zom × Digt)的系数显著为正,这一结果表明数字经济发展削弱了地区僵尸企业对创业活动的抑制作用,这证实了我们的理论假设7.2。数字经济不仅通过直接渠道促进创业,而且通过削弱僵尸企业的抑制效应间接促进创业。比较来看,数字经济发展更有利于削弱僵尸企业对创业质量和机会型创业的抑制作用,即数字经济有利于削弱僵尸企业对高质量创业的抑制效应。

（二）数字经济发展各维度调节作用的再检验

为了分析数字经济发展细分维度的调节作用的差异，我们将数字经济发展指数（Digt）分成互联网发展水平和数字金融发展，互联网发展水平也是利用熵权法测算得到的，检验结果见表7-7。从检验结果中可以看到，对于创业数量和创业质量，互联网发展、数字金融发展均产生了显著的促进作用。但是对于两类不同的创业，互联网发展仅对机会型创业有显著为正的影响，对生存型创业的作用不显著，这可能是由于目前我国的生存型创业数字化程度比较低所致。数字金融发展对两种类型的创业均有明显的积极作用，且比较来看，数字金融发展对创业活动的积极影响要明显大于互联网发展对创业活动的正向作用。

表7-7 数字经济发展各维度对创业活动的调节作用检验

变量	创业数量 互联网发展（1）	创业数量 数字金融（2）	创业质量 互联网发展（3）	创业质量 数字金融（4）	机会型创业 互联网发展（5）	机会型创业 数字金融（6）	生存型创业 互联网发展（7）	生存型创业 数字金融（8）
En_{it-1}	0.781*** (6.544)	0.746*** (6.391)	0.775*** (6.872)	0.768*** (6.442)	0.804*** (7.218)	0.825*** (7.867)	0.772*** (6.586)	0.749*** (5.632)
$W \times En$	0.103*** (4.824)	0.115*** (4.653)	0.124*** (4.130)	0.128*** (4.866)	0.186*** (5.039)	0.173*** (4.983)	0.152** (3.783)	0.167*** (3.629)
Zom	−0.047*** (−6.528)	−0.048*** (−6.744)	−0.068*** (−7.142)	−0.066*** (−6.975)	−0.079*** (−7.449)	−0.076*** (−7.961)	−0.055*** (−3.276)	−0.053*** (−2.962)
Digt	0.164*** (4.938)	0.237*** (5.461)	0.168*** (4.725)	0.249*** (5.025)	0.194*** (3.688)	0.247*** (3.808)	0.096 (2.274)	0.228** (2.073)
Zom×Digt	0.015*** (4.688)	0.022*** (5.436)	0.018*** (4.924)	0.027*** (5.149)	0.031*** (4.233)	0.042*** (3.945)	0.022 (1.483)	0.014*** (2.965)
控制变量	有	有	有	有	有	有	有	有
行业、年份、地区哑变量	有	有	有	有	有	有	有	有
观测值	450	450	450	450	450	450	450	450
AR（1）	0.040	0.037	0.051	0.054	0.061	0.064	0.058	0.055

续表

变量	创业数量		创业质量		机会型创业		生存型创业	
	互联网发展(1)	数字金融(2)	互联网发展(3)	数字金融(4)	互联网发展(5)	数字金融(6)	互联网发展(7)	数字金融(8)
AR（2）	0.679	0.577	0.615	0.533	0.627	0.609	0.619	0.614
Hansen检验	0.213	0.228	0.260	0.267	0.211	0.214	0.285	0.311

注：**、*** 分别表示在5%、1%水平下显著，括号内为t值。

对于创业数量和创业质量，互联网发展、数字金融发展均有利于削弱僵尸企业的抑制作用，比较来看，数字金融发展的削弱作用比互联网发展的削弱作用更明显，且对创业质量的改善作用更大。对于两类不同的创业，互联网发展、数字金融发展均有利于削弱僵尸企业对机会型创业的抑制作用，但互联网发展不能削弱僵尸企业对生存型创业的抑制作用。

五、结论与政策启示

（一）研究结论

僵尸企业占用大量社会资源但效率极低，扭曲资本配置，破坏市场竞争机制，因此对创业行为产生抑制效应，进而不利于地区高质量发展。目前文献主要研究僵尸企业对企业创新、资源配置的影响，对于同样重要的僵尸企业对创业活动的影响，却鲜有文献关注。本章使用空间动态模型考察了地区僵尸企业比率对创业活动（区分创业二维度和创业二类型）的影响，并检验了地区数字经济发展的调节作用。研究发现僵尸企业对创业活动产生了显著的抑制效应，且具有空间溢出性。比较而言，僵尸企业对创业质量的抑制效应比对创业数量的抑制效应大，且对机会型创业的抑制效应比对生存型创业的抑制效应更明显，即僵尸企业对高质量创业的抑制作用更大。分地区来看，僵尸企业对西部省区创业活动的抑制作用最突出。机制检验发现，僵尸企业主要通过影响企业融资、企业创新、要素扭曲等渠道抑制创业活动。地区数字经济发展有利于削弱僵尸企业对创业活动的抑制效应，尤其有利于削弱僵尸企业对高质量创业的抑制作用，比较来看，数字金融发展比互联网发展的削弱作用更突出。

（二）政策启示

第一，由于僵尸企业对创业活动具有明显的不利影响，尤其是对于创业质量和机会型创业等高质量创业具有突出的抑制作用。因此，在积极采取政策促进创业的同时，政府必须进一步推进供给侧结构性改革，加快僵尸企业的治理进程，充分发挥市场化政策和创造性破坏机制的作用，从长远规划上逐步减少僵尸企业，从而间接助推高质量创业。

第二，在加强僵尸企业治理的同时，政府要努力提升地区数字经济发展水平，尤其是数字经济发展水平相对较低的地区，更应加快大数据、人工智能、物联网等数字技术的创新应用，夯实数字基础设施建设。同时，在提升数字经济发展水平的过程中，要特别关注数字金融的重要性，增强数字金融的普惠性。

第三，中西部地区更要重视僵尸企业的治理，尤其要加大对数字经济发展的支持，其中特别要发挥数字普惠金融的积极作用，从而通过利用数字经济发展的直接和间接效应促进高质量创业的发展。

第八章
僵尸企业对中国出口绿色技术复杂度的异质性影响
——基于矩分位数回归的实证检验

一、引言

近些年来，随着绿色理念在世界范围内的广泛传播，绿色产品越来越受到国内外市场的广泛欢迎。2018年，《中共中央、国务院关于完善促进消费体制机制 进一步激发居民消费潜力的若干意见》指出："坚持绿色发展，……大力推广绿色消费产品，推动实现绿色低碳循环发展，营造绿色消费良好社会氛围。"这为倡导绿色理念，发展绿色产品提出了较好的政策引导。国际上，欧美国家在绿色产品消费上有较悠久的传统，同时也非常重视绿色制造。在绿色制造技术创新方面，为了进一步提高数字化工厂水、能源和材料的利用率，2012年，美国提出到2020年原材料消耗量减少15%、加工废屑减少90%、能耗降低75%的目标。德国启动"Blue Competence"高能效机电产品倡议，如要求机床减重50%以上、能耗降低30%~40%、报废后机床100%可回收等。因此，在绿色经济、绿色产品成为世界主流的今天，提高企业出口绿色技术的复杂度有利于提升企业出口的竞争力。

在中国，僵尸企业通常被定义为在市场上没有寻求重组或破产的资不抵债者，这类企业被认为占用大量社会资源但效率低下，通过抑制利润和阻碍投资损害健康的基本面，并且扭曲市场资源配置，摧毁市场的创造性破坏机制。僵尸企业的存在造成市场拥挤，破坏了市场自发的创造性破坏。因此，僵尸企业通过挤出健康企业的投资、削弱企业创新能力等渠道抑制出口绿色技术复杂度的提升，降低出口竞争力，但是已有文献鲜有这方面的研究。

本章的边际贡献在于：①选题上，本章首次考察了僵尸企业对健康企业出口绿色技术复杂度的影响，我们的研究将同时为供给侧结构性改革和提升企业出口绿色技术复杂度提供有益的参考，并丰富有关僵尸企业对经济负面影响的文献。②现有测度企业出口技术复杂度的文献，较少将环境因素考虑进去，我们将企业绿色指数加入对企业出口技术复杂度的衡量中，从而构建了企业出口绿色技术复杂度指标。③方法上，本章使用近几年发展起来的矩分位数回归（MMQR），该方法允许在不同条件分位数分布下分析僵尸企业与绿色技术复杂度之间的关系，而传统的面板模型无法捕捉这种影响。以往的分位数研究通常假设一个单一的效应，只会导致反应变量分布的平行（位置）转移，而不是整个分布。换句话说，一般分位数回归没有考虑未被观察到的个体异质性。而矩分位数回归方法结合位置函数和尺度函数进行分析，可以比一般分位数回归模型更好地解决变量之间的内生性问题，使得估计结果更为可靠。④针对现有文献仅考虑僵尸企业对同行业企业的水平影响，本章在此基础上考虑了垂直维度和行业加总维度，从而更为全面地揭示僵尸企业对企业出口绿色技术复杂度的影响。在垂直维度，根据企业之间的供应链关系创新性地提出僵尸企业对上下游企业出口绿色技术复杂度的垂直作用效应；在行业加总层面，我们将行业出口绿色技术复杂度分解成进入退出效应、企业间配置效应和企业出口绿色技术复杂度增长效应，考察僵尸企业通过抑制资源配置这一渠道对行业加总出口绿色技术复杂度的负向影响效应。

二、理论分析与研究假设

银行掩盖不良贷款损失的不良动机被认为是僵尸企业出现的一个重要原因。第二个原因是政府的监管放松和支持。在确保就业、社会稳定和经济增长的压力下，一些地方政府会干预银行信贷决策，帮助企业应对金融危机（He et al.，2020），甚至有些地方政府直接补贴，帮助僵尸企业生存。

现有文献从以下两个方面认为僵尸企业对健康企业产生溢出效应。首先，僵尸企业本身占据了巨大的信贷资本、权益资本、劳动力和其他资源，但经营效率较低，导致更高的全要素生产率损失（Banerjee and Hofmann，2018）。其次，僵尸企业会对非僵尸企业产生溢出效应。在总资本有限的前提下，僵尸企业占用信贷资本会导致非僵尸企业的融资成本和融资难度增加，从而抑制了非僵尸企业的正常投资。僵尸企业往往采用降低产品价格、提高工人工资等恶意手段，严重扭曲正常的市场竞争。这将使非僵尸企业面临不利的竞争威胁，并阻碍新的潜在市场进入者。综上所述，中国经济和制度背景下的外部支持可能会扭曲僵尸企业的行为，从而放大其对经济发展的负面影响。

具体来说，僵尸企业本身生产率较低，同时对其他生产率更高的企业造成拥塞效应，削弱同行业健康企业的创新投入和环保投入，不利于生产率提升。谭语嫣等（2017）研究了僵尸企业对同行业非僵尸企业投资行为的影响，发现存在挤出效应。王永钦等（2018）发现僵尸企业显著降低了同行业正常企业的专利申请和全要素生产率。而 Li 和 Lu（2018）认为企业创新和融资约束是影响企业出口绿色技术复杂度的两个重要因素。

据此，我们提出假设 8.1：**在水平维度，僵尸企业对同行业健康企业的出口绿色技术复杂度将产生显著的抑制作用。**

同时，僵尸企业可能通过两条渠道对上下游行业健康企业的出口绿色技术复杂度产生影响：第一条渠道为投入产出关系的供应链传染渠道。Jone（2011）认为，企业之间的投入产出关系会传导企业的资源配置关系，并且由于其中存在乘数效应，将放大资源扭曲效应。我们认为供应链的投入产出关系会传导，甚至放大企业的扭曲，如 Acemoglu 等（2012）提出，在存在部门间投入产出联系的情况下，微观经济的特殊冲击可能导致总体波动。Jacobson 和 Von Schedvin（2015）

第八章 僵尸企业对中国出口绿色技术复杂度的异质性影响
——基于矩分位数回归的实证检验

发现，由于客户的失败，供应商企业的破产风险显著增加；这种跨部门传导机制解释了总体破产率的很大一部分原因。第二条渠道为商业信用渠道。Dai 等（2021）认为僵尸企业将通过供应链关系影响上下游企业的商业信用，而商业信用作为非正式融资的重要形式，可以弥补信贷融资的不足，对于企业的创新具有重要的意义。然而，随着商业信用链所带来行业间的紧密联系，商业冲击的跨部门传导也将随之而来。Boissay 和 Gropp（2013）发现，商业信用的债务人通过流动性冲击债权人的商业信用。Wu 等（2014）认为，客户失败和商业信用损失的程度与供应商破产风险存在较大的相关性。特殊冲击可以通过商业信用的传导机制导致总体产生波动。而中国私营企业严重依赖商业信用作为融资来源。

据此，我们提出假设 8.2：**在垂直维度，僵尸企业对上下游行业健康企业的出口绿色技术复杂度有显著的负向影响。**

Caballero 等（2008）指出，僵尸企业抑制资本的重新配置，并延误经济复苏，因为它阻碍了资产从资本的低效利用企业（僵尸企业）到高效利用企业（健康企业）的再分配。僵尸企业会从两个方面伤害健康企业：首先，如果信贷供应有限，它会减少健康企业可获得的银行信贷；其次，给无法生存的企业提供补贴贷款，会损害其在产品市场和投入市场上的健康竞争对手。Kwonet 等（2015）通过匹配的企业—工厂数据集，证明僵尸贷款确实扭曲了 20 世纪 90 年代末日本制造业的资源重配，生产率较低的僵尸企业利用补贴贷款来维持其资源，而生产率较高的非僵尸企业则无法得到足够的资源；他们发现僵尸贷款对劳动力扭曲产生的负面作用尤其突出。Schivardi 等（2017）发现，在经济出现危机的情况下，资金实力相对薄弱的银行更不可能削减对僵尸企业的贷款，这种资本配置的扭曲更是增加了健康企业失败的概率，降低了僵尸企业的失败率。肖兴志和黄振国（2019）发现僵尸企业不仅破坏产业动态发展过程中优胜劣汰的市场选择机制，而且抑制企业成长机制作用的发挥。

据此，我们提出假设 8.3：**在行业加总维度，僵尸企业通过抑制资**

源优化配置削弱行业加总出口绿色技术复杂度。

三、模型、变量与数据

（一）模型

线性模型无法解释变量分布不同对因变量的差异性影响效应，尤其对极端值的影响效应更是无法把握。分位数回归正好可以弥补线性模型的缺陷，该方法允许在不同条件分位数分布下分析僵尸企业与健康企业绿色技术复杂度之间的关系。事实上，关于面板数据分位数模型的相关文献较多。其中，Machado 和 Silva（2019）提出的矩分位数回归方法在消除内生性问题方面比较有优势。矩分位数回归方法是在估计条件均值的基础上，结合位置函数和尺度函数进行分析，在具有个体效应的面板数据模型和具有内生解释变量模型的情况下特别有用，可以使得计算更简单，特别是在存在多个内生变量的情况下，可以更好地解决变量之间的内生性问题。将这种方法与固定效应结合起来，对关联异质性的经验理解变得更容易。首先有分位数回归模型：

$$Q_{GSI}(\tau|X_{it}) = \alpha_1 HZom_{ijt} + \beta_2 HZom_{ijt} \times EFD_j + \gamma C_{it} + \eta_i + \mu_j + \varepsilon_{ijt} \quad (8-1)$$

其中 i 为企业，j 为行业，t 为年份，GSI 为企业出口绿色技术复杂度，HZom 为行业僵尸企业率，EFD 为行业融资依赖度，C 为控制变量。参照已有文献，我们主要控制企业人力资本、规模、经营年限和流动资产比率等。根据 Machado 和 Silva（2019）的研究，对于位置和尺度变化的条件分位数估计 $Q_y(\tau|X)$ 可以描述成如下式子：

$$Q_y(\tau|X_{it}) = \alpha_i + x_{it}'\beta + \sigma(\delta_i + Z_{it}'\gamma)U_{it} \quad (8-2)$$

式（8-2）中，$\delta_i + Z_{it}'\gamma$ 是尺度参数，其满足 $P(\delta_i + Z_{it}'\gamma > 0) = 1$，$(\alpha_i, \delta_i)$ 代表个体 i（i=1,…,n）的固定效应，由 X 定义的元素向量 k 标记在 Z 中，它的变换满足：$Z_l = Z_l(X)$，l=1,…,k。对于每个固定的 i，X_{it} 遵循相同且独立的分布，并且在时间（t）中保持独立。类似地，U_{it} 在个体（i）中沿着（t）呈独立同分布，并且正交于 X_{it}，这是满足

Machado 和 Silva（2019）提出的定义矩的必要条件，即：

$$Q_{GSI}(\tau|X_{it}) = [\alpha_i + \delta_i q(\tau)] + X'_{it}\beta + Z'_{it}\gamma q(\tau) \quad (8-3)$$

有 $X'_{it} - \alpha_i(\tau) \equiv \alpha_i + \delta_i q(\tau)$。

其中，$q(\tau)$ 表示 τ 分位的影响效应，其可以通过如下问题的最优化得到：

$$\min_q \sum_i \sum_t \rho_\tau [R_{it} - (\delta_i + Z'_{it}\gamma)q] \quad (8-4)$$

其中，$\rho_\tau(A)$ 代表 τ 分位的标准损失函数，并且其满足：

$$\rho_\tau(A) = (\tau-1)AI\{A \leq 0\} + TAI\{A > 0\} \quad (8-5)$$

（二）企业出口绿色技术复杂度的测度

我们在 Li 和 Lu（2018）、Hausmann 等（2007）研究的基础上测度企业出口绿色技术复杂度。根据 Hausmann 等（2007）关于复杂度指数的思想，并在此基础上引入绿色系数，构建企业层面的出口绿色技术复杂度指数：

$$GSI_i = PCA_i \times GC_i \times TFP_i \quad (8-6)$$

其中，GSI_i 为企业 i 的出口绿色技术复杂度，PCA_i 为企业 i 出口比较优势指数，GC_i 为企业 i 的绿色指数，TFP_i 是企业 i 的全要素生产率。根据全要素生产率的思想，全要素生产率可以用于衡量企业的技术水平，因此可以在一定程度上代理企业的技术复杂度，为了剔除不同行业全要素生产率差异的影响，我们使用各企业全要素生产率与其所在二位数行业中企业全要素生产率平均值比值 $TFP_{ij}/\overline{TFP_{ij}}$ 衡量。另外，使用绿色系数代理企业绿色能力，使用相对比较优势指数代理企业出口能力。式（8-6）并未具体阐明某种产品的出口绿色技术复杂度，而是蕴含着一个企业的出口绿色技术复杂度水平是该企业所有产品的出口绿色技术复杂度的加权平均值。出口比较优势指数为

$$PCA_i = \frac{X_{ijp}/\sum_{jp} X_{ijp}}{X_j/\sum_p X_{jp}} \quad (8-7)$$

其中，$X_{ijp}/\sum_{jp}X_{ijp}$是企业 i 在 p 省区 j 产业的出口份额，而$X_j/\sum_p X_{jp}$是产业 j 在所有省区的出口份额。PCA 反映了企业 i 出口与其他企业比较的权重。

企业绿色指数（GC_i）使用下面式子得到：

$$GC_i = \prod_{m=1}^{4}\left(\frac{\overline{PP}_{ijm}}{\overline{PE}_{ijm}}\right)^{\frac{1}{4}} \quad (8-8)$$

其中，$\overline{PP}_{ijm}$和$\overline{PE}_{ijm}$分别是企业 i 所属的四位数行业 j 标准化后污染物 m 的污染物产生系数和排放系数，根据文献的一般做法，我们选用工业废水、COD、SO_2、工业废气进行统计计算，为了减少不同维度和单位数据计算中带来的偏误，我们对数据进行了标准化。由于数据可获得性的限制，我们假定企业所属四位数的绿色指数不变。企业 TFP，使用 Ackerberg 等（2015）的方法计算得到。

（三）控制变量

根据已有文献，控制如下几个变量：①企业人力资本水平（lnWage），用企业年人均收入代理，即用工资加福利费的对数衡量，本章也采用这一方法。②企业规模（lnSize），采用企业年平均就业人数对数值衡量。③企业经营年限（lnAge），用当年年份与企业开业年份之差加以衡量，并取对数。④企业流动比率（lnCruR），用企业流动资产与流动负债的比率对数测度。

（四）数据来源及处理方法

本章的企业数据主要来自国内最具权威性的企业数据库——国家统计局的中国工业企业数据库，限于数据的可获得性，我们的数据期间为 2003—2015 年。其他相关数据来自相应年份的《中国统计年鉴》《中国城市统计年鉴》、各省统计年鉴及中经网统计数据库。

绿色系数计算数据来自国家原环境保护局编制的《工业污染物产生和排放系数手册》，该手册根据不同的企业规模、工艺流程、末端处理技术等提供了相应不同的污染物产生及排放系数。行业间投入产出数据来自 2012 年的投入产出数据表。

四、实证结果

（一）水平维度的模型检验

我们使用能够更好克服变量之间内生性的矩分位数回归对模型（8-1）进行检验，以弥补线性模型的不足（检验结果见表 8-1）。从表 8-1 报告的结果中可以看到，从低分位点到高分位点（0.1 分位到 0.9 分位），僵尸企业（HZom）对同行业健康企业的出口绿色技术复杂度的影响效应大都显著为负，仅在 0.9 分位点不显著，即僵尸企业对同行业健康企业出口绿色技术复杂度存在显著的抑制作用，假设 8.1 得到证实。从表 8-1 中可以看到，影响系数的绝对值呈变小的趋势，这说明僵尸企业对健康企业的出口绿色技术复杂度呈现非线性的影响作用；在越低的分位点，僵尸企业对健康企业出口绿色技术复杂度的抑制作用越大，即企业出口绿色技术复杂度越低，僵尸企业带来的负面作用越突出。而在企业出口绿色技术复杂度最高的 0.9 分位点，僵尸企业的影响作用不显著。我们认为原因在于，在高分位点，企业的全要素生产率更高，其市场竞争力更强，盈利能力更突出，更容易得到银行或资本市场的支持。故此，同行业僵尸企业对其的挤出效应更弱，到 0.9 分位点，挤出效应甚至不显著。可以看到交互项（HZom×EFD）的影响系数绝对值比未考虑行业融资依赖度的影响系数绝对值更大，同时从低分位点到高分位点也表现出绝对值变小的趋势，这说明考虑行业融资依赖度后，僵尸企业对同行业健康企业的出口绿色技术复杂度的负向影响效应更明显，并且同样表现出递减的趋势。

表 8-1 中报告的位置参数和尺度参数的显著性也验证了 MMQR 方法的有效性。僵尸企业（HZom）的位置参数显著为负，意味着僵尸企业导致健康企业出口绿色技术复杂度观测值的离散度减小；尺度参数也显著为负，说明僵尸企业的负向效应从最低分位数到最高分位数弱化了企业出口绿色技术复杂度的条件分布。

表 8-1　僵尸企业对同行业的健康企业出口绿色技术复杂度的异质性影响

变量	位置参数	尺度参数	0.1 分位	0.25 分位	0.5 分位	0.75 分位	0.9 分位
HZom	−0.051*** (−5.906)	−0.019*** (−4.215)	−0.127*** (−4.735)	−0.105*** (−3.964)	−0.092*** (−4.483)	−0.037*** (−5.155)	−0.007 (−1.095)
EFD	−0.024 (−0.584)	−0.017 (−1.109)	−0.022 (−0.946)	−0.063 (−1.287)	−0.042 (−0.861)	−0.059 (−1.004)	−0.026 (−1.348)
HZom × EFD	−0.074*** (−4.585)	−0.022*** (−4.693)	−0.142*** (−3.967)	−0.123*** (−3.840)	−0.107*** (−4.862)	−0.045*** (−4.472)	−0.012 (−1.285)
lnWage	0.036* (1.985)	0.019 (1.077)	0.036 (0.859)	0.039 (1.261)	0.065*** (2.469)	0.071*** (2.884)	0.076*** (3.698)
lnSize	0.028* (1.983)	0.010*** (2.774)	0.136 (0.949)	0.020 (1.277)	0.017*** (2.890)	0.019*** (3.764)	−0.027 (−1.180)
lnAge	0.037 (0.948)	0.009** (2.203)	0.023 (1.064)	−0.219 (−0.933)	0.018*** (2.652)	0.021 (1.274)	0.019 (0.846)
lnCruR	0.302 (1.581)	0.238* (1.894)	−0.101 (−0.988)	−0.074 (−1.005)	0.029 (0.507)	0.065 (1.190)	0.014 (1.068)

注：*、**、*** 分别表示在10%、5%、1%水平下显著，括号内为t值。

对于控制变量，人力资本的代理变量（lnWage）在0.5~0.9分位点均显著为正，但是在低分位点不显著，表明人力资本对企业绿色技术复杂度在低分位点无积极的提升作用。企业规模（lnSize）仅在0.5分位点和0.75分位点为正且显著，而在两端的分位点均不显著。企业经营年限（lnAge）仅在0.5分位点显著且为正，在其他分位点不显著，这说明企业经营年限仅在企业出口绿色技术复杂度处于中等程度时对其有显著的提升作用。企业流动资产比率（lnCruR）的影响系数在各分位点均不显著。

（二）稳健性检验

我们采用多种方法进行稳健性检验，首先，改变僵尸企业的识别方法，采用Caballero等（2008）的衡量方法，使用真实利润衡量标准识别僵尸企业。其次，使用一般分位数回归进行检验。稳健性检验结果显示，关键变量的系数显著性、正负性与基础模型的实证结果相差不大，这说明我们建立的模型具有较强的稳健性。限于篇幅，表8-2仅报告了改变僵尸企业识别方法的稳健性检验结果。

表8-2 稳健性检验（改变僵尸企业识别方法）结果

变量	位置参数	尺度参数	0.1分位	0.25分位	0.5分位	0.75分位	0.9分位
HZom	-0.039*** (-7.184)	-0.023*** (-5.644)	-0.135*** (-4.780)	-0.097*** (-3.825)	-0.064*** (-9.045)	-0.033*** (-6.219)	0.020 (1.275)
EFD	0.048 (1.395)	0.035 (1.185)	0.156 (0.931)	0.080 (1.047)	0.033 (0.728)	0.051 (1.190)	0.030 (1.246)
HZom × EFD	-0.088*** (-6.892)	-0.050*** (-4.011)	-0.189*** (-5.608)	-0.138*** (-4.532)	-0.091*** (-5.290)	-0.030*** (-6.264)	0.002 (0.874)
控制变量	有	有	有	有	有	有	有

注：***表示在1%水平下显著，括号内为t值。

五、垂直维度和行业加总维度的进一步检验

（一）垂直维度检验：僵尸企业对上下游企业出口绿色技术复杂度的影响

我们借鉴衡量FDI水平溢出和垂直溢出的方法，构建僵尸企业在垂直维度上的后向影响效应（BZom）和前向影响效应（FZom）：

$$BZom_{jt} = \sum_{k \neq j} \alpha_{jk} HZom_{kt} \quad (8-9)$$

$$FZom_{jt} = \sum_{k \neq j} \gamma_{jk} HZom_{kt} \quad (8-10)$$

后向影响效应反映的是僵尸企业与上游企业之间的关系，而前向影响效应反映的是僵尸企业作为供应商与下游企业产生的关系。α_{jk}为后向关联系数，是两位数行业j向k行业提供的产品占j行业工业销售总值的比重，也即投入产出分析中所谓的行业分配系数。γ_{jk}为前向关联系数，是两位数行业j向k行业购买的产品占j行业工业销售总值的比重，也即投入产出分析中所谓的行业直接消耗系数。

表8-3、表8-4分别报告了僵尸企业对上游、下游健康企业出口绿色技术复杂度的影响效应。从表8-3的结果可以看到，在0.1分位和0.25分位，BZom的影响系数显著为负；但在其他几个高分位点，影

响系数不显著，这说明僵尸企业对上游健康企业出口绿色技术复杂度的后向效应在低分位点表现出显著的负向影响作用，但在中、高分位点影响不显著。从表8-4报告的结果可以看到，除0.9分位外，在其他分位点僵尸企业前向影响效应（FZom）的系数均显著为负，且系数绝对值也呈变小的趋势。这也说明僵尸企业在低分位点对下游企业出口绿色技术复杂度的负向影响效应较大，而分位点越高，负向作用越小。研究结果表明僵尸企业对上游和下游健康企业的出口绿色技术复杂度均存在一定的抑制效应，假设8.2得到了证实。

表8-3 僵尸企业对上游健康企业出口绿色技术复杂度的影响效应

变量	位置参数	尺度参数	0.1分位	0.25分位	0.5分位	0.75分位	0.9分位
BZom	−0.045*** (−4.288)	−0.023*** (−3.695)	−0.093*** (−5.271)	−0.037*** (−2.598)	−0.011 (−1.283)	−0.024 (−0.872)	0.015 (1.361)
EFD	−0.043 (−0.491)	−0.022 (−1.470)	−0.026 (−0.893)	−0.049 (−1.065)	−0.035 (−0.861)	−0.030 (−1.202)	−0.048 (−1.279)
BZom × EFD	−0.057*** (−6.729)	−0.041*** (−4.886)	−0.163*** (−4.528)	−0.144*** (−5.636)	−0.124*** (−2.862)	−0.067 (−0.992)	−0.073 (−1.468)
控制变量	有	有	有	有	有	有	有

注：*** 表示在1%水平下显著，括号内为t值。

表8-4 僵尸企业对下游企业出口绿色技术复杂度的影响效应

变量	位置参数	尺度参数	0.1分位	0.25分位	0.5分位	0.75分位	0.9分位
FZom	−0.056*** (−5.913)	−0.029*** (−3.867)	−0.129*** (−6.866)	−0.075*** (−4.601)	−0.052*** (−4.297)	−0.033* (−1.925)	−0.007 (−1.361)
EFD	−0.037 (−0.844)	−0.026 (−1.089)	−0.031 (−1.396)	−0.025 (−1.487)	−0.049 (−0.965)	−0.037 (−1.452)	−0.012 (−1.007)
FZom × EFD	−0.063*** (−7.246)	−0.035*** (−4.912)	−0.199*** (−5.359)	−0.152*** (−5.863)	−0.133*** (−3.984)	−0.072*** (−2.473)	−0.022 (−1.354)
控制变量	有	有	有	有	有	有	有

注：*、*** 分别表示在10%、1%水平下显著，括号内为t值。

但是，由于企业的全要素生产率和市场竞争力能够削弱上下游僵尸企业通过投入产出关系和商业信用链传导而来的负向作用；在中、高分位点，全要素生产率和市场竞争力较大，从而能够更好地削弱僵尸企业的负向作用。比较来看，僵尸企业对于下游健康企业的出口绿色技术复杂度的影响系数在各分位点的显著性和绝对值大小基本上要强于对上游健康企业的影响系数，这说明僵尸企业对下游健康企业出口绿色技术复杂度的抑制作用更突出。同样可以发现，行业外部融资依赖度对于僵尸企业对上下游企业出口绿色技术复杂度的抑制效应有显著的增强作用，并且这种调节作用表现出明显的异质性。

（二）行业加总维度：僵尸企业对行业加总出口绿色技术复杂度的影响

根据企业出口绿色技术复杂度的设计思路，我们参照 Melitz 和 Polanec（2015）对加总生产率的动态分析方法，将行业加总出口绿色技术复杂度进行动态分解，分解得到如下公式：

$$\begin{aligned}\Delta GSI &= \Delta \sum_{k} \frac{x_{ikt}}{X_{ijt}} GC_{kt} \times TFP_{kt} \\ &= \sum_{k \in S}\left(\frac{x_{ikt+1}}{X_{ijt+1}} GC_{kt+1} \times TFP_{kt+1} - \frac{x_{ikt}}{X_{ijt}} GC_{kt} \times TFP_{kt}\right) + \\ &\quad \sum_{k \in E} \frac{x_{ikt+1}}{X_{ijt+1}} GC_{kt+1} \times TFP_{kt+1} - \sum_{k \in X} \frac{x_{ikt}}{X_{ijt}} GC_{kt} \times TFP_{kt} \\ &= \sum_{k \in S}\left(\frac{x_{ikt+1}}{X_{ijt+1}} - \frac{x_{ikt}}{X_{ijt}}\right) GC_{kt+1} \times TFP_{kt+1} + \sum_{k \in S} \frac{x_{ikt}}{X_{ijt}}(GC_{kt+1} \times TFP_{kt+1} - GC_{kt} \\ &\quad \times TFP_{kt}) + \sum_{k \in E} \frac{x_{ikt+1}}{X_{ijt+1}} GC_{kt+1} \times TFP_{kt+1} - \sum_{k \in E} \frac{x_{ikt}}{X_{ijt}} GC_{kt} \times TFP_{kt}\end{aligned}$$

(8-11)

在式（8-11）中，主要包括三项：$\sum_{k \in S}\left(\frac{x_{ikt+1}}{X_{ijt+1}} - \frac{x_{ikt}}{X_{ijt}}\right) GC_{kt+1} \times TFP_{kt+1}$ 为企业间配置效应；$\sum_{k \in S} \frac{x_{ikt}}{X_{ijt}}(GC_{kt+1} \times TFP_{kt+1} - GC_{kt+1} \times TFP_{kt+1})$ 为企业出口绿色技术复杂度增长效应；$\sum_{k \in E} \frac{x_{ikt+1}}{X_{ijt+1}} GC_{kt+1} \times TFP_{kt+1} - \sum_{k \in X} \frac{x_{ikt}}{X_{ijt}} GC_{kt} \times TFP_{kt}$

为进入退出效应。企业间配置效应是指假设各企业的出口绿色技术复杂度不变，企业间产出份额的变化所引起的行业总体出口绿色技术复杂度的变化；这种效应越大，表明企业间资源配置效率越高。企业出口绿色技术复杂度增长效应是指由于企业出口绿色技术复杂度的调整而引起的行业出口绿色技术复杂度的变化。进入退出效应是高出口绿色技术复杂度的企业进入市场、低出口绿色技术复杂度的企业退出市场所带来的对行业加总出口绿色技术复杂度的综合影响效应；企业间配置效应和企业进入退出效应合称为资源配置效应。

表 8-5 报告了僵尸企业对行业加总出口绿色技术复杂度分解项的影响效应，可以看到，僵尸企业对各分解项存在差异化的影响作用，僵尸企业在低分位点对企业间配置效应、进入退出效应均产生了显著的负向影响，考虑外部融资依赖度后，僵尸企业的负向作用得到了一定的增强；这说明在低分位点，僵尸企业还可以通过阻碍企业间资源配置和企业的进入退出等资源配置方式抑制行业加总出口绿色技术复杂度的提升，假设 8.3 得到了证实。这主要是由于在行业加总层面，僵尸企业占有了本应向出口绿色技术复杂度较高的企业配置的资金，阻碍了在位企业间的资源优化配置，削弱了市场的创造性破坏，进而抑制了出口绿色技术复杂度的提升。比较来看，无论是从显著性、影响系数的绝对值大小来看，还是从显著为负的分位点个数来看，僵尸企业对企业间配置效应的负向作用都更突出；而对于进入退出效应，仅在 0.1 分位点和 0.25 分位点显著为负，在其他分位点均不显著。

表 8-5 僵尸企业对行业加总出口绿色技术复杂度分解项的影响效应

变量	企业间配置效应 [$\sum_{k \in S} \left(\dfrac{x_{ikt+1}}{X_{ijt+1}} - \dfrac{x_{ikt}}{X_{ijt}} \right) GC_{kt+1} \times TFP_{kt+1}$]						
	位置参数	尺度参数	0.1 分位	0.25 分位	0.5 分位	0.75 分位	0.9 分位
HZom	−0.064*** (−8.471)	−0.023*** (−5.836)	−0.129*** (−9.385)	−0.113*** (−4.679)	−0.070*** (−5.622)	−0.033*** (−6.494)	0.020 (0.658)

续表

变量	企业间配置效应 $[\sum_{k \in S}\left(\frac{x_{ikt+1}}{X_{ijt+1}} - \frac{x_{ikt}}{X_{ijt}}\right)GC_{kt+1} \times TFP_{kt+1}]$						
	位置参数	尺度参数	0.1 分位	0.25 分位	0.5 分位	0.75 分位	0.9 分位
EFD	0.022 (1.429)	0.019 (1.281)	0.087 (0.990)	0.074 (1.468)	0.089 (1.169)	0.077 (1.283)	0.054 (1.099)
HZom × EFD	−0.078*** (−10.451)	−0.029*** (−4.568)	−0.153*** (−4.118)	−0.134*** (−3.705)	−0.116*** (−4.489)	−0.049*** (−5.830)	0.008 (1.431)

变量	出口绿色技术复杂度增长效应 $[\sum_{k \in S}\frac{x_{ikt}}{X_{ikt}}(GC_{kt+1} \times TFP_{kt+1} - GC_{kt} \times TFP_{kt})]$						
	位置参数	尺度参数	0.1 分位	0.25 分位	0.5 分位	0.75 分位	0.9 分位
HZom	−0.043*** (−5.662)	−0.012 (−1.384)	−0.094*** (−6.271)	−0.080*** (−4.156)	−0.074*** (−2.726)	−0.026*** (−6.305)	0.034 (0.973)
EFD	0.027 (1.265)	0.014 (1.027)	0.033 (0.847)	0.058 (1.391)	0.049 (1.861)	0.040 (1.292)	0.039 (1.104)
HZom × EFD	−0.055*** (−3.749)	−0.027*** (−4.861)	−0.125*** (−6.784)	−0.117*** (−4.065)	−0.088*** (−4.705)	−0.052*** (−3.481)	0.029 (1.390)

变量	进入退出效应 $[\sum_{k \in E}\frac{x_{ikt+1}}{X_{ijt+1}}GC_{kt+1} \times TFP_{kt+1} - \sum_{k \in X}\frac{x_{ikt}}{X_{ijt}}GC_{kt} \times TFP_{kt}]$						
	位置参数	尺度参数	0.1 分位	0.25 分位	0.5 分位	0.75 分位	0.9 分位
HZom	−0.051*** (−5.906)	−0.019*** (−4.215)	−0.112*** (−3.946)	−0.088* (−1.928)	−0.063 (−1.045)	−0.059 (−1.182)	0.007 (1.095)
EFD	0.024 (0.584)	0.017 (1.109)	0.037 (0.826)	0.042 (1.165)	0.025 (0.914)	0.047 (1.008)	0.039 (1.263)
HZom × EFD	−0.074*** (−4.585)	−0.022*** (−4.693)	−0.125*** (−2.804)	−0.106*** (−4.157)	−0.086 (−1.379)	−0.073 (−1.265)	0.006 (1.097)

注：*、**、*** 分别表示在10%、5%、1%水平下显著，括号内为t值。

六、研究结论与政策启示

（一）研究结论

本章使用最新的能够更好克服变量内生性的矩分位数回归，检验了僵尸企业对健康企业的出口绿色技术复杂度的异质性影响。研究从水平、垂直、行业加总三个维度入手，发现在水平维度，僵尸企业对同行业健康企业的出口绿色技术复杂度存在显著的非线性抑制作用，分位点越高，抑制作用越弱，且在 0.9 分位点作用不显著；行业外部融资依赖度的调节作用在不同分位点也呈现出明显的异质性。在垂直维度，僵尸企业通过供应链传染效应和商业信用渠道对上下游健康企业的出口绿色技术复杂度在不同的分位点存在异质性的负向影响作用，比较来看，对下游企业的抑制作用更突出。在行业加总维度，我们对行业加总出口绿色技术复杂度分解项回归后发现，在低分位点，僵尸企业还可以通过阻碍企业间资源配置和企业的进入退出等方式抑制行业加总出口绿色技术复杂度的提升，但在高分位点不显著；其中，企业间效应是僵尸企业抑制行业加总出口绿色技术复杂度提升的主要渠道。本章的研究表明僵尸企业对健康企业出口绿色竞争力存在显著的不利影响。

（二）政策启示

第一，我们的研究表明在低分位点，僵尸企业在水平维度、垂直维度和行业加总维度均对健康企业的出口绿色技术复杂度产生了一定的抑制作用。因此，政府必须进一步推进供给侧结构性改革，加快僵尸企业的治理，充分发挥市场化政策和创造性破坏机制的作用，从长远规划上逐步减少僵尸企业，否则，我国出口的绿色竞争力将受此严重拖累。

第二，企业要注意提升产品的出口绿色技术复杂度，可以着重从生产过程绿色化、中间投入品绿色化等角度入手，树立环保、绿色的企业生产理念；并且努力提高创新能力，这些行为可以在一定程度上抵消僵尸企业的负向影响作用。

第三，政府对于企业的支持政策应该是差异化的，对于出口绿色技术复杂度较低的健康企业，尤其当其处于外部融资依赖度较高的行业时，政府必须根据其发展潜力，从信贷、税收和政策支持等方面予以倾斜，以削弱僵尸企业对同行业及上下游健康企业带来的更为突出的负面影响。

第四，改革劳动力和资本市场，降低劳动力和资本等要素的流转壁垒，促进要素重配置。特别是对于出口绿色技术复杂度较低的行业，这些政策改革对于削减僵尸企业带来的破坏效应具有积极的意义。

第九章
产业融合、僵尸企业与工业绿色技术创新效率

习近平总书记在出席十二届全国人大三次会议期间明确指出："创新是引领发展的第一动力，抓创新就是抓发展，谋创新就是谋未来。适应和引领我国经济发展新常态，关键是要依靠科技创新转换发展动力。"这进一步确定了创新在中国经济发展中的核心地位。随着中国工业化及城镇化进程的加速，环境污染问题日益严峻。绿色技术创新与传统技术创新的不同之处在于，绿色技术创新是强调与环境的和谐发展，依托科技达到节能环保的目的，并且能获得相应经济收益的经济活动。因此，倡导绿色技术创新在当前经济进入新常态时期，对进一步促进经济高质量发展尤为重要。

制造业是中国国民经济的支柱，然而高能耗、高排放、低自主创新能力是困扰其持续发展及提升国际竞争力的主要问题。近些年来，高技术服务业在全世界范围内快速发展，这种高技术的知识密集型服务业，其优势在于可以将高新技术"服务化"渗透到其他产业中，从而促进其他产业发展。例如，"互联网+"就是典型的高技术服务业之———信息传输、软件和信息技术服务业与传统产业融合的一种新兴经济形态，其可以通过优化生产要素、重构商业模式、更新业务体系等途径来促进技术创新。因此，高技术服务业与制造业的融合发展可能会加速中国的绿色技术创新效率提升。

僵尸企业被一些文献证实可能抑制正常企业创新，而且不利于正常企业的污染治理，那么僵尸企业是否会破坏地区工业绿色技术创新效率呢？而且僵尸企业的存在有可能破坏高技术服务业与制造业融合发展状况，进而通过间接渠道抑制绿色技术创新效率。

一、文献与理论

关于服务业与制造业融合的研究，最早始于 Vandermerwe 和 Rada（1988），他们首次提出"制造业服务化"的概念，并深入分析了企业服务化的主要动机，他们研究认为制造业服务化对于企业长期发展具有重要的意义。在此基础上，国外出现了不少研究服务业与制造业融合影响企业绩效及竞争力的文献。Davies 等（2006）认为通过产品和服务的组合，可以为客户提供定制的独特解决方案；此外，他们还解释说，未来市场的领导者将是那些提供集成解决方案的企业。通过集成解决方案，企业可以更好地把握市场的主动权，从而提高竞争力。服务对于制造商来说是一种竞争能力，并且在很多情况下具有越来越重要的战略意义。通过服务取得的竞争优势往往更具有可持续性；由于服务业不那么引人注目，而且更依赖于劳动力，因此很难模仿。

综合已有文献，可以看到服务业与制造业融合通过如下几个渠道影响企业绩效：首先，制造业的服务化可以帮助将企业的产品与竞争对手的产品区别开来（Ivanka et al., 2016）。其次，制造业的服务化有利于提高顾客的忠诚度，有助于产品获得更高的市场价值和收益。最后，制造业投入服务化能够通过优质服务要素的供给，降低企业生产成本，从而提升企业生产率。

在国内，李文秀和夏杰长等（2012）从技术变革的角度对制造业与服务业的融合方式进行了阐述，并提出了嵌入式、交叉式、捆绑式三种可提高创新能力的融合途径。汪德华等（2010）则详细探讨了制造业与服务业融合影响制造业升级的两个主要原因，并通过实证研究证明了北京的制造企业是利用外部服务最多的。彭徽和匡贤明（2019）研究了中国制造业与生产性服务业融合的程度，发现中国产业融合发展相对滞后，制造业生产中生产性服务业贡献度过低。张虎和韩爱华（2019）验证了制造业与生产性服务业协调发展所带来的空间协调发展问题，研究发现制造业与生产性服务业协调发展的正向溢出作用促进了区域协调发展。可以看到，目前，研究服务业与制造业融合的文献日益增多，但国外文献主要聚焦于其对企业绩效的影响，而国内研究较多的是衡量两者的融合程度的高低，或者关注融合对制造业本身所产生的影响，鲜有文献考察融合对绿色创新效率的影响。

就高技术服务业与制造业融合对绿色创新效率的影响机制而言，一方面，高技术服务业与制造业融合有利于优化生产要素、促进技术溢出、拓展企业技术受益的范围、提升人力资本水平，进而促进企业技术创新。比如低成本和高质素的电信服务，既是资讯服务和其他可数字化产品的中间投入，也是一种重要的信息传送机制，可为制造业的发展提供必要的技术基础，二者的充分融合，可以碰撞出创新的火花，并且有利于技术的溢出，助推区域创新效率的提高。吕云龙和吕越（2017）认为制造业投入服务化所带来的创新性服务要素，提升了产品质量，从而提高了企业竞争力和行业的国际竞争力。李静（2020）也发现制造业投入服务化对企业创新决策、创新投入和创新产出都具有显著的正向影响。另一方面，高技术服务业与制造业融合有助于减少企业高污染的生产环节，降低企业能耗和污染排放，为提升绿色创新效率奠定坚实基础。Wu（2022）认为僵尸企业的存在抑制了正常企业的污染治理，增加了污染物排放。因此，僵尸企业通过挤出正常企业的投资、加大创新的融资约束、影响企业污染治理等渠道，进而抑制地区绿色创新效率的提升。

高技术服务业是高附加值服务业，制造业企业如果要大批量地购买高技术服务，以促进高技术服务与制造的融合，必然需要较多的资金。然而，僵尸企业的存在加大了正常制造业企业的融资难度，从而不利于高技术服务业与制造业的融合，进而通过此间接渠道抑制地区绿色创新效率的提升。

本章不同于已有文献的主要特色在于：①现有研究绿色技术创新效率的文献主要关注的是技术研发效率，忽视了其转化效率。我们根据创新的两阶段性，利用两阶段共享投入 DEA，将地区绿色技术创新效率分成绿色技术开发效率和绿色技术转化效率。②现有研究产业融合非线性影响的文献大多采用静态门限面板模型,这种方法忽视了因变量的动态效应,我们运用动态门限面板模型,较好地弥补了传统静态门限面板模型的不足,并且可以更好地克服变量之间的内生性,从而使得非线性估计结果更具稳健性。③本章考察了地区僵尸企业比率对绿色技术创新效率的直接影响,并且以地区僵尸企业比率为门限变量,通过动态门限面板模型检验了僵尸企业对地区绿色技术创新效率的间接影响效应(通过抑制高技术服务业与制造业融合的渠道)。

二、核心变量构建

(一)高技术服务业与制造业的融合度(DF)

我们参考张虎和韩爱华等(2019)的研究,计算高技术服务业与制造业的耦合协调度来代理融合度,计算步骤如下。

第一步,计算系统耦合度:设 U_i 为这两产业耦合系统的综合序参量,x_{ij} 为第 i 个序参量的第 j 个变量值,并设立如下有序功效模型:

$$U_{ij} = \frac{x_{ij} - \min_{ij}}{\max_{ij} - \min_{ij}} \quad (\text{其中} U_{ij} \text{为正指标}) \tag{9-1}$$

$$U_{ij} = \frac{\max_{ij} - x_{ij}}{\max_{ij} - \min_{ij}} \quad (\text{其中} U_{ij} \text{为负指标}) \tag{9-2}$$

则各子系统对整个耦合系统的贡献值:

$$U_i = \sum_{i=1}^{n} \lambda_{ij} U_{ij} \tag{9-3}$$

其中,λ_{ij} 为各子系统序参量所占的权重,之后可计算系统的耦合度:

$$C = 2\sqrt{\frac{U_1 U_2}{(U_1 + U_2)^2}} \tag{9-4}$$

第二步,计算耦合协调度:由于耦合度可反映出系统间耦合程度的高低,但难以反映出其整体协调的情况,因而不能很好地表示产业融合水平，因此需进一步计算两产业的耦合协调度：

$$CR = \sqrt{C \times T} \tag{9-5}$$

T 为反映两产业的综合协调系数，计算公式：

$$T = \alpha \times U_1 + \beta \times U_2 \tag{9-6}$$

其中，α+β=1，并取 α 为 0.4，β 为 0.6。根据已有文献，从科学性角度出发，我们从产业规模、产业结构、产业效益、产业潜力四方面来确立高技术服务业与制造业的融合体系，并利用熵值法确定耦合系统的权重，测算数据为 2001—2015 年 30 省份（除西藏）的面板数据，确立指标体系如表 9-1 所示。

表 9-1 高技术服务业与制造业耦合协调度的变量选择

制造业子系统		高技术服务业子系统	
一级指标	二级指标	一级指标	二级指标
产业规模	销售产值	产业规模	增加值
	企业数量		法人单位数量
	从业人数		从业人数
产业结构	产值占比	产业结构	增加值占比
	从业人数占比		从业人数占比
产业效益	劳动生产率	产业效益	劳动生产率
	产值利润率		固定资产投资效果系数
产业潜力	人均年末金融机构各项贷款余额	产业潜力	人均年末金融机构各项贷款余额
	固定资产增长率		固定资产投资增长率
	就业人员增长率		就业人员增长率

（二）两阶段绿色创新效率（GR）

创新研究的开创者 Schumpeter（1942）认为，创新是一个经济的整体概念，创新的目的是增加企业的盈利，增强竞争力，因此，需要实现由创新成果到经济产出的转化，故而创新应该存在研发和商业化两个阶段。已有文献较多仅考虑绿色创新的第一阶段，即研发阶段，但忽视了绿色创新的第二阶段。我们根据价值链原理，借鉴 Alegre（2006）、王彩明和李健（2019）的做法，认为绿色创新效率应该包含过程与结果两个阶段，从而将地区绿色创新效率分成绿色技术开发效率和技术转化效率。在此基础上，我们参考 Wu 等（2017）、钱丽等（2018）的方法，利用两阶段共享投入 DEA 计算地区绿色创新的技术开发效率和技术转化效率。在这种方法下，绿色投入在绿色创新的两阶段实现共享。

首先，假设存在 n 个决策单元（DMU_j，j=1，…n），共享的 m 种绿色投入满足 $X_j=(x_{1j} \cdots x_{mj})$，第一阶段（绿色技术开发）的产出为 $I_j=(I_{1j}, \cdots, I_{gj})$，这也是第二阶段（绿色技术转化）的投入组成部分。第二阶段的产出包括 s 种期望产出 $D_j=(d_{1j}, \cdots, d_{sj})$ 和 f 种非期望产出 $U_j=(u_{1j}, \cdots, u_{fj})$。

决策单元在第一阶段的绿色投入 X 并未完全耗费，有部分投入进入第二阶段；假设绿色研发和商业化阶段使用的绿色投入各自为 $\alpha_i X_{ij}$ 和 $(1-\alpha_i) X_{ij}$。用 v^1_i、v^2_i（i=1，2…m）分别表示两阶段绿色创新投入的权重。用 h_r（r=1，2…s）表示第二阶段正产出的权重，用 G_k（k=1，2…f）表示第二阶段负产出权重。而且，第一阶段的产出既是绿色技术开发的产出，又是第二阶段技术转化的投入组成部分，用 ω^1_p、ω^2_p（p=1，2…q）分别表示第一阶段产出在两阶段各自的权重。于是，决策单元在第一阶段的投入和产出可以分别表示为 $\sum_{i=1}^{m} v^1_i \alpha_i X_{ij}$，$\sum_{p=1}^{q} w^1_p I_{pj}$；在第二阶段技术转化的投入和产出可以分别表示为

$$\sum_{i=1}^{m} v^2_i (1-\alpha_i) X_{ij} + \sum_{p=1}^{q} w^2_p I_{pj}, \quad \sum_{r=1}^{s} H_r D_{rj} - \sum_{k=1}^{f} G_k U_{kj} \quad (9-7)$$

假设规模报酬可变，则第 z 个决策单元的绿色技术开发效率满足：

$$GR^1_z = (\max \sum_{p=1}^{q} w^1_p I_{pz} - \mu_1) / \sum_{i=1}^{m} v^1_i \alpha_i X_{iz} \quad (9-8)$$

假设 $e = 1 / \sum_{i=1}^{m} v^1_i \alpha_i X_{iz}$，使用 Charnes-Cooper 变换，将式（9-8）

转换成线性模型，于是第 z 个决策单元的绿色技术开发效率可以表示为如下线性规划问题的最优值：

$$GR_z^1 = \max \sum_{p=1}^{q} W_p^1 I_{pk} - \mu_A$$

$$s.t \begin{cases} \sum_{i=1}^{m} \pi_i^1 X_{ik} = 1 \\ \sum_{i=1}^{m} \pi_i^1 X_{ij} - (\sum_{p=1}^{q} W_p^1 I_{pi} - \mu_A) \geq 0, j=1,2\cdots n \\ \sum_{i=1}^{m} V_i^2 X_{ij} - \sum_{i=1}^{m} \pi_i^2 X_{ij} + \sum_{p=1}^{q} W_p^2 I_{pi} - (\sum_{r=1}^{s} H_r D_{rj} - \sum_{k=1}^{f} G_k U_{kj} - \mu_B) \geq \\ 0, j=1,2\cdots\cdots n \\ V_i^2 \geq \pi_i^2 \geq \varepsilon; H_r、G_k、\pi_i^1、W_p^1、W_p^2 \geq \varepsilon, j=1,2\cdots m \end{cases}$$

（9-9）

其中，满足 $V_i^1 \alpha_i = \pi_i^1$，$V_i^2 \alpha_i = \pi_i^2$，$V_i^1 = ev_i^1$，$V_i^2 = ev_i^2$，$W_p^1 = ew_p^1$，$W_p^2 = ew_p^2$，$H_r = eh_r$，$G_k = eg_k$，$\mu_A = e\mu_1$，$\mu_B = e\mu_2$。

接着，绿色技术转化效率可以表示为如下线性规划问题的最优值：

$$GR_z^2 = \max \sum_{r=1}^{s} H_r D_{rj} - \sum_{k=1}^{f} G_k U_{kj} - \mu_B$$

$$s.t \begin{cases} \sum_{i=1}^{m} V_i^2 X_{ij} - \sum_{i=1}^{m} \pi_i^2 X_{ij} + \sum_{p=1}^{q} W_p^2 I_{pi} = 1 \\ \sum_{i=1}^{m} \pi_i^1 X_{ij} - (\sum_{p=1}^{q} W_p^1 I_{pi} - \mu_A) \geq 0, j=1,2\cdots n \\ \sum_{i=1}^{m} V_i^2 X_{ij} - \sum_{i=1}^{m} \pi_i^2 X_{ij} + \sum_{p=1}^{q} W_p^2 I_{pi} - (\sum_{r=1}^{s} H_r D_{rj} - \sum_{k=1}^{f} G_k U_{kj} - \mu_B) \geq \\ 0, j=1,2\cdots\cdots n \\ V_i^2 \geq \pi_i^2 \geq \varepsilon; H_r、G_k、\pi_i^1、W_p^1、W_p^2 \geq \varepsilon, j=1,2\cdots m \end{cases}$$

（9-10）

投入变量采用创新投入和能源投入。创新投入包括人力投入和资金投入两部分，创新人力投入，采用各地区研究与试验发展人员全时当量代理；创新资金投入，应用研究与试验发展经费内部支出代理。能源投入，使用各地区年度工业能源消费总量测度。

第一阶段（绿色技术开发）产出使用地区专利授权量衡量。第二阶段（绿色技术转化）产出包括期望产出和非期望产出，期望产出使用各地区新产品销售收入和工业增加值代理；非期望产出为负产出，主要是指环境污染排放，一般包括固体废弃物、废水和废气排放。由于不同种类的废弃物对环境的负面影响不一,同时由于 SO_2 作为主要的环境管制物,统计相对完善,因此,我们采用各地区工业排放的 SO_2 量代理非期望产出。

三、模型、变量与数据

(一)模型设定

首先建立固定效应面板模型考察省区僵尸企业比率对绿色技术创新效率的直接影响效应:

$$GR_{it}=\alpha_0+\beta Zom_{it}+\gamma X+\mu_i+\varphi_t+\varepsilon_{it} \tag{9-11}$$

GR 为两阶段 DEA 计算的地区绿色技术创新效率,包括绿色技术开发效率和绿色技术转化效率,X 为控制变量。

为考察僵尸企业通过削弱高技术服务业与制造业融合,进而抑制地区绿色技术创新效率的这一间接影响渠道,本章使用由 Kremer 等(2013)在 Hansen(1999)的一般门限回归模型基础上发展出来动态门限回归进行分析。与一般的门限回归相比,该方法能够更好地克服自变量与因变量之间的内生性,从而使得非线性估计结果更具稳健性。我们以省区僵尸企业比率为门限变量,构建动态门限面板模型:

$$GR_{it} = \mu_i + \alpha GR_{it-1} + \beta_1 DF_{it} \times I(Zom_{it} \leq \gamma) + \delta I(Zom_{it} \leq \gamma) + \beta_2 DF_{it}(Zom_{it} > \gamma) + \phi X_{it} + \varepsilon_{it}$$

$$\tag{9-12}$$

其中,I(*)为示性函数,γ 为门限值。DF 为高技术服务业与制造业融合度,Zom 为省区僵尸企业比率,我们考虑两个变量,分别为僵尸企业就业比率、僵尸企业资产比率。与一般门限面板模型相比,动态门限面板模型引入了因变量的滞后一期项,同时考虑了截距门限效应,以克服无截距门限效应带来的有偏性。式(9-12)中,δ 为产业融合对地区绿色技术创新效率的截距门限效应。为消除个体固定效应,我们根据 Arellano 和 Bover(1995)的建议,对上两式进行前向正交离差变换,误差项满足如下变换式:

$$\varepsilon_{it}^* = \sqrt{\frac{T-t}{T-t+1}}[\varepsilon_{it} - \frac{1}{T-t}(\varepsilon_{it+1} + \cdots + \varepsilon_{iT})] \qquad (9\text{--}13)$$

误差项 ε 和 ε^* 不存在序列相关，方差计算遵循下式：

$$\text{Var}(\varepsilon_{it}) = \sigma^2 I_T; \text{Var}(\varepsilon_{it}^*) = \sigma^2 I_{T-1} \qquad (9\text{--}14)$$

原门限面板模型的其他变量经变换后的形式和误差项一致。在动态门限面板模型的估计中，Kremer 等（2013）认为，工具变量过多可能导致参数估计结果产生有偏性，而且对于样本量有限的回归模型，参数估计的无偏性与有效性还会存在取舍的问题。参照 Arellano 和 Bover（1995）与 Kremer 等（2013）的方法，我们使用解释变量——高技术服务业与制造业融合度的滞后一期项作为工具变量。

（二）门限变量设定

我们使用各省份的僵尸企业比率作为门限变量，用于检验僵尸企业通过间接影响高技术服务业与制造业融合进而影响地区绿色技术创新效率的作用，僵尸企业的识别和计算办法参照第三章节。同时采用两个指标：一个是僵尸企业资产比率；另一个是僵尸企业就业比率。

（三）控制变量

（1）人力资本水平（Labor）。人力资本是影响创新的重要因素，我们使用居民平均受教育年限和总人口数量的比值来表示，在计算居民平均受教育年限方面，将居民受教育程度划分为小学（primary）、初中（junior）、高中（senior）、大专及以上（college）四类，将各类平均受教育年限分别假设为 6 年、9 年、12 年、16 年，并用下式计算：

$$labor_{it} = (6 \times primary_{it} + 9 \times junior_{it} + 12 \times senior_{it} + 16 \times college_{it}) / population_{it}$$

$$(9\text{--}15)$$

（2）产学研强度（InQ）。研发机构、高校作为重要的研究组织，其与企业的合作对于促进创新具有重要作用，本章采用企业 R&D 经费外部支出中高校和研发机构的金额占企业 R&D 经费内部支出的比重测度。

（3）政府支持力度（Gov）。由于创新具有较强的外部性，致使其社会收益大于企业自身的收益，并且创新还伴随着巨额的研发投入及收益的不确定性等，因此就需要政府对企业的科技创新活动予以支持及引导。政府支持在绿色创新中占据核心的地位，政府的财政支持和政策引导对于创新的投入和转化都起着关键的作用。由于政府的政策引导不容易测度，已有文献一般较多关注财政支持，采用R&D资金投入等指标进行测算。基于此，本章采用各省份研究开发经费占总财政支出的比重测度。

（4）金融发展（FinD）。创新研发和创新成果的转化都离不开资金的支持，创新需要固定的成本投入，而且创新活动具有较高的风险性，因此企业技术创新需要有较充足的资金支持。发达的金融市场有助于创新企业更好地获得资源，使其能够更好地制定可行的创新战略，有利于将创新思想商品化。我们用最具代表性的指标——金融相关比率，即以金融机构提供给私人部门的贷款总额与GDP的比值度量，取对数。

（5）贸易开放（Open）。贸易开放带来的技术溢出效应、市场竞争效应、示范效应等影响作用被证明可以对技术创新产生重要作用。处于相对落后的国家和地区可以在贸易开放中学习、消化和吸收来自贸易伙伴的先进技术和知识经验，从而转化为自身的创新能力，进而促进技术进步和经济增长。该变量用各地区各年进出口总值与GDP的比值衡量，在模型中取对数。

（四）数据来源

根据国家统计局的标准，我们定义的高技术服务业主要指信息传输、软件和信息技术服务业，科学研究和技术服务业。研究的空间单位为中国内地除西藏外的30个省级单位，数据来源于2001—2015年的《中国统计年鉴》《中国科技统计年鉴》《中国环境统计年鉴》《中国能源统计年鉴》《中国工业经济统计年鉴》及各省统计年鉴。计算僵尸企业比率的企业数据来自中国工业企业数据。

四、实证结果

(一) 绿色创新效率的计算结果

根据两阶段共享投入 DEA 的计算结果,绿色创新效率的平均值如表 9-2 所示。

表 9-2 绿色技术开发效率和技术转化效率的平均值

省区	绿色技术开发效率	绿色技术转化效率	省区	绿色技术开发效率	绿色技术转化效率
北京	0.988	0.899	河南	0.797	0.470
天津	0.825	0.630	湖北	0.824	0.504
河北	0.824	0.575	湖南	0.705	0.584
山西	0.697	0.482	广东	0.915	0.807
内蒙古	0.744	0.530	广西	0.711	0.476
辽宁	0.872	0.709	海南	0.783	0.532
吉林	0.799	0.615	重庆	0.774	0.564
黑龙江	0.861	0.637	四川	0.735	0.613
上海	0.983	0.911	贵州	0.583	0.432
江苏	0.943	0.804	云南	0.693	0.480
浙江	0.927	0.810	陕西	0.635	0.411
安徽	0.740	0.622	甘肃	0.502	0.390
福建	0.825	0.765	青海	0.497	0.320
江西	0.798	0.637	宁夏	0.484	0.305
山东	0.889	0.714	新疆	0.592	0.363

从全国范围来看,北京、上海、江苏、浙江、广东等省(直辖市)的绿色技术开发效率均值最高;绿色技术转化效率名列前五位的基本也是这些省(直辖市)。分区域来看,东部省区绿色创新效率最高,中部次之,西部省区绿色创新效率最低。对于大多数省区而言,绿色技术转化效率要低于绿色技术开发效率,这说明我国大多数地区在促进研发成果转化为产品方面能力一般,在绿色技术转化阶段协调经济效

益和环境、生态代价的能力方面还有待提高，还存在大量制约研发成果转化为现实生产力的影响因素。

（二）僵尸企业对地区绿色技术创新效率的直接影响效应检验

表9-3报告了僵尸化程度对地区绿色技术创新效率的基础模型检验结果，表中前两列的因变量（GR1）为绿色技术开发效率，后两列的因变量（GR2）为绿色技术转化效率。

从表9-3中的结果可以看到，对于绿色技术开发效率和绿色技术转化效率，僵尸化程度（Zom）的影响系数均显著为负，表明僵尸化程度对绿色技术开发效率和绿色技术转化效率均存在显著的抑制作用。比较来看，僵尸化程度对绿色技术转化效率的影响系数的绝对值均大于绿色技术开发效率；这说明在省区层面，僵尸企业对绿色技术转化效率的抑制作用更突出。这主要是由于技术转化需要更多的资金，受到的障碍更大、难度更高，所以僵尸企业对其产生了更为突出的负向作用。

表9-3 僵尸化程度对地区绿色技术创新效率的直接影响检验

变量	GR1		GR2	
Zom	−0.026*** （−8.340）	−0.020*** （−7.204）	−0.046*** （−8219）	−0.050*** （−6.623）
Labor		0.458*** （5.943）		0.378*** （4.935）
lnQ		0.159*** （6.502）		0.213*** （5.870）
Gov		0.192*** （4.457）		0.133*** （6.192）
FinD		0.377*** （6.425）		0.352*** （5.811）
Open		0.165*** （4.328）		0.195*** （5.625）
年份、地区哑变量	有	有	有	有
R^2	0.344	0.397	0.338	0.357

注：***表示在1%水平下显著，括号内为t值。

（三）僵尸企业对绿色技术创新效率的间接影响效应[通过影响高技术服务业与制造业融合效应（以僵尸企业资本比率为门限）]

以绿色创新效率的两阶段——绿色技术开发效率和绿色技术转化效率为因变量，以高技术服务业与制造业融合度为自变量，以地区僵尸企业比率（资本比率）为门限变量，考察产业融合度在不同僵尸企业比率下对绿色技术创新效率的影响，检验结果见表9-4。

表9-4 动态面板门限模型回归估计结果：以僵尸企业资本比率为门限

门限变量为僵尸企业比率	绿色技术开发效率（1）	绿色技术转化效率（2）
第一部分：门槛值估计		
γ	0.174	0.159
置信区间	[0.166, 0.183]	[0.152, 0.171]
第二部分：高技术服务业与制造业融合度对绿色技术创新效率的影响效应估计		
β_1	0.302*** (6.508)	0.109*** (7.093)
β_2	0.219*** (5.575)	0.064*** (5.862)
δ	1.346*** (3.862)	1.618*** (3.289)
GR_{it-1}	0.690*** (4.829)	0.933*** (5.834)
Labor	0.354*** (5.887)	0.542*** (6.072)
lnQ	0.148*** (5.590)	0.224*** (5.901)
Gov	0.141 (0.917)	0.166 (1.648)
FinD	0.148*** (5.590)	0.224*** (5.901)
Open	0.141 (0.917)	0.166 (1.648)
Zom ≤ γ 样本数	67	92
Zom > γ 样本数	383	358

注：置信区间为95%的置信度，***表示在1%水平下显著，括号内为t值。

从表9-4中（1）、（2）列的结果可以看到，高技术服务业与制造业融合度对绿色技术开发效率和绿色技术转化效率均存在以地区僵尸企业比率为门限的非线性动态作用。以门限值为准将样本划为低僵尸企业比率（资本比率）区制和僵尸企业比率（资本比率）区制。对于绿色技术开发效率，僵尸企业比率（资本比率）的门限值为0.174；而对于绿色技术转化效率，僵尸企业比率（资本比率）的门限值为0.159，这表明高技术服务业与制造业融合度对绿色技术转化效率的影响作用比对绿色技术开发效率的影响作用存在更低的僵尸企业比率（资本比率）。

观察表9-4中的斜率门限效应和截距门限效应系数，β_1、β_2、δ均显著。对于绿色技术开发效率，β_1的系数为0.302、β_2的系数为0.219、δ的系数为1.346；表明地区在僵尸企业比率（资本比率）的低区制，高技术服务业与制造业融合度对绿色技术开发效率的促进作用较大，影响系数为0.302；当僵尸企业比率（资本比率）跨过门限值0.174，到达高区制后，高技术服务业与制造业融合度对绿色技术开发效率的促进作用削弱，影响系数为0.219。同样，对于绿色技术转化效率，β_1的系数为0.109、β_2的系数为0.064、δ的系数为1.618；这说明地区在僵尸企业比率（资本比率）的低区制，高技术服务业与制造业融合度对绿色技术转化效率的促进作用更大，影响系数为0.109；当僵尸企业比率（资本比率）跨过门限值0.159，到达高区制后，高技术服务业与制造业融合度对绿色技术转化的促进作用进一步削弱，影响系数为0.064。实证结果表明，高技术服务业与制造业融合度对绿色技术创新效率的促进作用，受到了所处地区僵尸企业的影响。一方面，由于高技术服务业本身也是资本密集型的行业，僵尸企业的存在一定程度上挤出了高技术服务业与制造业融合所需要的资金支持。另一方面，企业绿色技术创新需要有丰富的资金来支撑其创新过程。僵尸企业对于绿色技术创新所需资金更是产生负向作用，抑制其创新生产。在僵尸企业比率（资本比率）较低的情况下，高技术服务业与制造业融合度对绿色技术开发效率和转化效率的促进作用均稍大；越过僵尸企业比率（资本比率）门限值后，高技术服务业与制造业融合度对绿色技术开发效率和转化效率的促进作用受到了进一步的削弱。

对于控制变量，人力资本水平与产学研强度均表现出对绿色技术开发效率和绿色技术转化效率的显著正向作用。首先，表明地区内人力资本对技术开发和转化具有积极作用。其次，各种要素向城市集中及多样化的分工协作过程对于提高绿色技术创新效率是必要的，学校教育作为中间平台在知识储备方面起到了重要作用，同时，高校等研发部门与地方企业的合作共赢有助于将技术的基础理论商业化，这种创新要素的有机组合会产生一定的规模经济效益，也促进了绿色技术创新效率的提高。但政府支持对绿色技术创新效率的影响系数均不显著，这表明目前政府支持对于绿色技术创新效率尚未表现出积极作用。造成这种现象的可能原因在于，政府更多基于企业产权所有权属性和企业规模进行支持，对于一些国有企业和僵尸型企业，政府的支持无法促进绿色技术开发效率和转化效率提高，而一些绿色技术创新效率较高的私营企业未能获得较充足的政府支持，从而使得整体影响效应不显著。

（四）僵尸企业对绿色技术创新效率的间接影响效应［通过影响高技术服务业与制造业融合效应（以僵尸企业就业比率为门限）］

同样，以地区僵尸企业就业比率为门限变量，探讨高技术服务业与制造业融合度对绿色技术创新效率的影响效应，结果见表9-5。从结果中可以看到，高技术服务业与制造业融合度对绿色技术开发效率和技术转化效率也均存在以地区僵尸企业就业比率为门限的非线性动态作用，全国被分成低僵尸企业就业比率区制和高僵尸企业就业比率区制。对于绿色技术开发效率，僵尸企业就业比率的门限值为0.162，而对于绿色技术转化效率，僵尸企业就业比率的门限值为0.148，这也表明对于绿色技术转化效率，高技术服务业与制造业融合度受到的僵尸企业就业比率的限制比绿色技术开发效率更小。

表9-5 动态面板门限模型回归估计结果：以僵尸企业就业比率为门限

门限变量为僵尸企业比率	绿色技术开发效率（1）	绿色技术转化效率（2）
第一部分：门槛值估计		
γ	0.162	0.148
置信区间	[0.156, 0.183]	[0.132, 0.171]
第二部分：高技术服务业与制造业融合度对绿色技术创新效率的影响效应估计		
β_1	0.209*** （6.508）	0.158*** （7.093）
β_2	0.153*** （5.575）	0.089*** （5.862）
δ	1.438*** （3.862）	1.375*** （3.289）
GR_{it-1}	0.690*** （4.829）	0.933*** （5.834）
Labor	0.354*** （5.887）	0.542*** （6.072）
lnQ	0.148*** （5.590）	0.224*** （5.901）
Gov	0.141 （0.917）	0.166 （1.648）
FinD	0.148*** （5.590）	0.224*** （5.901）
Open	0.141 （0.917）	0.166 （1.648）
Zom ≤ γ 样本数 Zom > γ 样本数	46 404	77 373

注：置信区间为95%的置信度，***表示在1%水平下显著，括号内为t值。

表9-5（1）列中的斜率门限效应和截距门限效应 β_1、β_2、δ 的系数均显著，且 β_1 的系数为0.209、β_2 的系数为0.153、δ 的系数为1.438；这说明地区在僵尸企业就业比率低水平区制，高技术服务业与制造业融合度对绿色技术开发效率的促进作用更大，影响系数为0.209；当僵尸企业就业比率跨过门限值0.162，到达高区制后，高技术服务业与制

造业融合度对绿色技术开发效率的促进作用更大，影响系数为 0.153。

在表 9-5（2）列中，β_1 的系数为 0.158，且 β_2 的系数为 0.089、δ 的系数为 1.375；这说明地区在僵尸企业就业比率低区制，高技术服务业与制造业融合度对绿色技术转化效率的促进作用较大，系数为 0.158；当僵尸企业就业比率跨过门限值 0.162，到达高区制后，高技术服务业与制造业融合度对绿色技术转化的促进作用的影响系数为 0.089。我们认为原因在于，僵尸企业的存在不利于加强高技术服务业与制造业融合。在低僵尸企业就业比率下，其对高技术服务业与制造业融合协调发展的影响作用较弱，从而对绿色技术转化效率产生的抑制作用较小。而僵尸企业就业比率水平越过一定的门限值后，这种抑制作用会加剧。由于西部省区基本上处于僵尸企业就业比率的高区制，因此，无论是对于绿色技术开发效率还是对于绿色技术转化效率，高技术服务业与制造业融合度都发挥了更突出的作用，高技术服务业与制造业融合度对绿色技术创新效率的影响系数更大。

五、研究结论与政策启示

（一）研究结论

本章首先在使用两阶段共享投入 DEA 测度绿色技术创新效率的基础上，考察了僵尸企业对绿色技术创新效率的直接影响效应。其次分别以僵尸企业资本比率和僵尸企业就业比率为门限变量，利用能够更好地克服自变量与因变量之间的内生性，从而使得非线性估计结果更具稳健性的动态门限回归模型，考察了高技术服务业与制造业融合度对绿色技术开发效率和绿色技术转化效率异质性的动态影响效应。我们发现，东部地区绿色技术创新效率最高，中部地区次之，西部地区绿色技术创新效率最低。对于大多数省区而言，绿色技术转化效率要低于绿色技术开发效率，表明我国大多数地区在研发成果转化为产品方面能力一般，在绿色技术转化阶段协调经济效益和环境、生态代价的能力方面还有待提高，还存在大量制约研发成果转化为现实生产力的影响因素。

实证研究结果表明，僵尸企业对地区绿色技术开发效率和绿色技术转化效率均存在负向影响，对于绿色技术转化效率的抑制作用更突出。进一步考察分析发现，高技术服务业与制造业融合度对绿色技术开发效率和绿色技术转化效率均存在非线性的影响，在低僵尸企业资本比率和僵尸企业就业比率下，高技术服务业与制造业融合度对绿色技术开发效率和绿色技术转化效率的促进作用较强，但突破门限值后则均表现出对绿色技术创新效率的更弱的影响作用，这表明僵尸企业的存在弱化了高技术服务业与制造业融合度对绿色技术创新效率的促进作用。在相同的情况下，高技术服务业与制造业融合度对绿色技术转化效率的促进作用更弱，且绿色技术转化效率存在更低的高技术服务业与制造业融合度的门限值。

(二) 政策启示

第一，从面板门槛的回归结果来看，由于高技术服务业与制造业的融合发展对绿色技术创新效率的提高有重要作用，因此，政府部门应当关注这类重要的服务业，并制定相关政策，大力促进该类产业的发展，同时为高技术服务业与制造业的融合创造更多的机会，使其更好地发挥溢出作用。

第二，在当今创新型社会构建过程中，政府不仅要制定政策鼓励研究开发，更关键的是要推动企业或科研机构及时将绿色创新思想、技术商品化、产业化。首先，要完善科技成果交易市场，规范研发成果的交流和推广渠道，让更多的绿色研发成果能够得到商业化的支持。其次，利用税收优惠、信贷扶持等手段支持企业的绿色技术开发成果转化，提高绿色创新的技术转化效率。

第三，在发挥高技术与制造业融合的正向作用，特别是在促进绿色技术转化效率提高的过程中，要结合地方的实际情况，尤其是在中西部等金融发展和贸易开放的低区制省区，必须同时推进僵尸企业处置，加快供给侧结构性改革，以更好地发挥高技术服务业与制造业融合对绿色技术创新效率提高的积极作用。

第十章
僵尸企业、空间集聚环境与企业创新持续性

僵尸企业对于企业创新的影响效应受到不少文献的关注，如谭语嫣等（2017）等。文献均认为僵尸企业通过挤出创新企业的创新融资，加大融资约束，从而抑制企业创新。但是，持续性的创新对于社会经济发展具有重要的意义，那么僵尸企业的存在对于企业的持续性创新有何种影响呢？

另外，企业生存的空间集聚环境对创新的重要性，已经被众多理论及实证研究所证实，一般认为空间集聚可以通过劳动力池效应、共享基础设施、知识溢出等渠道促进企业创新发展。但是，鲜有文献关注到空间集聚的融资效应对企业创新的积极意义。在存在金融抑制的环境中，集聚是有效缓解企业融资约束问题的产业组织形式。空间集聚有利于以商业信用为代表的非正规金融的发展，也有利于企业之间通过担保的方式获得信贷融资，因此，对于缓解企业的融资约束具有积极意义。那么，空间集聚环境对于僵尸企业对创新持续性的影响效应是否有一定的条件作用呢？基于此，我们试图在考察僵尸企业对企业创新持续性影响的基础上，揭示空间集聚融资效应对于僵尸企业对企业创新持续性影响的条件作用，从而为政府构建创新型社会提供一定的政策依据。

一、影响机制与理论假设

熊彼特的"成功孕育成功"假说认为：创新为盈利提供了保证，而后者反过来又为创新活动提供资金，这种正反馈机制一旦形成，企业融资约束将得到缓解，企业创新持续时间能够得到较大程度的延长。然而，由于中国资本市场的不完善，特别是对资本流动性的限制往往

会使得企业的研发活动在初始启动阶段就被耽误。金融资源的供给约束极大地限制了企业，特别是小规模企业的创新潜力；而且融资约束更有可能发生在创新企业身上，因为创新投资回报是不确定的，他们缺乏足够的抵押品来保证企业的借贷和资本的平滑化。也就是说，由于融资约束，"成功孕育成功"这一正反馈机制尚未形成就可能已经被扼杀。而且，即使正反馈机制已经形成，但由于企业创新是高风险、高沉没成本的活动，创新投入未必能转化为新产品，而且新产品也未必能够赢得市场。因此，融资约束的存在也会进一步削弱这种正反馈机制，进而阻碍企业持续创新。

大量文献证实僵尸企业可以挤出非僵尸企业的投资，加大正常企业的融资约束，并通过供应链关系影响上下游企业的商业信用。

据此，本章提出假设10.1：**僵尸企业抑制了正常企业的持续性创新**。

企业空间集聚可以提高企业间、企业与银行间的信任程度，可以降低信贷配给带来的不利影响，这不仅仅表现在生产方面，也表现在融资方面。空间集聚这种非正式的、对企业融资约束具有缓解作用的渠道，主要是由企业之间的生产联系所带来的，企业可以通过更好的合同和延迟付款等方式从供应商中获得信贷支持；反之亦然，从而通过企业间投入产出关系形成信贷网络。意大利工业区的证据表明，产业集群内供应商和客户之间的地理距离、互惠性和重复交易增加了声誉和信任，减少了信息不对称的问题，从而有利于企业间良好信用关系的建立。产业集群内部供应商的竞争作用，影响了这些供应商提供的商业信用；市场竞争会刺激企业提供商业信贷来留住客户，防止客户转换交易对象。Dary（2018）也认为产业集群带来的供给关系，可以更好地为企业提供非正式金融——商业信用。

在国内，也出现了一些研究空间集聚与企业融资关系的文献。王永进、盛丹（2013）提出，空间集聚显著增加了企业间的商业信用；

他们认为空间集聚对商业信用的影响渠道主要有三个：一是竞争效应；二是供应链效应；三是声誉机制。集聚不仅可以加强交易双方的业务往来，并增加彼此之间的信任和商业信用活动，而且还通过加速信息扩散，促进声誉机制发挥作用，进而缓解企业融资约束。他们还发现，产业集聚有利于促进企业获得银行贷款，并提高信贷资源的配置效率。茅锐（2015）认为产业集聚集中了固定资产的最佳使用者，有利于固定资产折变能力提升，削弱了融资约束。龙小宁等（2015）发现产业集群发展程度较高的地区，企业的履约环境和融资环境都得到改善；产业相近度显著降低了融资成本和融资抵押要求对于企业发展的限制。马述忠和张洪胜（2017）立足于县级集群的商业信用，指出良好的集群商业信用能促进企业的出口扩张。

据此，我们提出假设10.2：**空间集聚有利于缓解企业融资约束，进而提升企业创新持续性。**

本章可能的边际贡献在于：①我们考察了僵尸企业对创新持续性的影响效应，为深入分析僵尸企业对创新的影响提供了新的视角。②本章研究了空间集聚融资约束效应对创新的影响，并将研究视角聚焦于企业创新的持续性；我们发现中间投入集聚能较集中地反映上下游企业之间的供应链效应和声誉效应，因此在削弱企业融资约束方面具有重要作用。③本章以地级以上城市为空间单位，我们借鉴王永进和盛丹（2013）的方法构建了全面反映各市企业空间集聚程度的指标，并在其基础上补充了能反映集群内企业之间投入产出关系的中间投入集聚指数，从而将行业之间的关联性充分纳入考虑范围，这些空间集聚指标能集中反映各城市的企业空间集聚产生的劳动力集聚效应、竞争效应、供应链效应、技术溢出效应等，及其对企业创新持续性、企业融资约束的影响途径。④实证方法上，我们使用生存分析中能更好地控制不可观测异质性影响的离散时间模型进行考察；并选用了结果更为可靠、形式更为灵活的 cloglog 模型，从而使得结论更具科学性，更符合我们的研究目的。

二、实证模型、变量与数据

(一) 实证模型

研究创新持续性的实证方法大致可以分成两类：一类是使用probit随机效应模型估计当前创新对将来某个时点的创新概率的影响，如Tavassoli和Karlsson（2017）的研究；另一类是使用生存分析模型（风险模型）估计企业创新持续时间，如Mánez等（2015）、赵建春和毛其淋（2015）等的研究。本章使用生存分析模型（风险模型）对创新持续性进行研究。

参照Mánez等（2015）的方法，我们设定企业创新持续性为企业有创新投入或创新产出的连续年份，企业结束创新投入或创新产出被叫作"风险事件"，结束创新活动的条件概率被称为"风险率"；企业创新持续的连续时期用T表示（$t_i=1, 2, 3\cdots$）。

假设企业在一定时期内一直保持创新状态（包括创新投入或创新产出），则有$p_i=1$；否则$p_i=0$。这种情况意味着创新状况的右侧截断，生存函数可以较好地克服右侧截断问题。生存函数表现为如下形式：

$$S_i(t) = Pr(T_i > t) = \prod_{m=1}^{t}(1-h_{im}) \quad (10-1)$$

其中，生存函数用概率的形式表示，即$Pr(T_i>t)$；h_{im}为风险函数，进一步有：

$$h_i(t) = Pr(t-1 < T_i \leq t | T_i > t-1) = \frac{Pr(t-1 < T_i \leq t)}{Pr(T_i > t-1)} \quad (10-2)$$

生存函数和风险函数可以用Kaplan和Meier（1958）提出的非参数方法进行计算，但是这种方法难以分析外生变量及不可观测的异质性因素的影响。为了达到本章的研究目的，有必要选用更为科学的计量方法模型进行考察。其中连续模型和离散时间模型是近些年来分析生存函数的两种主要计量模型。然而，连续模型被认为存在较明显的缺陷，比如缺乏对不可观测的异质性的控制、需要假设成比例风险等。

离散时间模型可以较好克服传统的连续模型的固有问题，其中 cloglog 模型比其他离散时间模型（如 logit 模型或 probit 模型）结果更为可靠，形式更为灵活，且在很多计量软件中都能较好实现，因此得到更为广泛的应用。我们据此建立 cloglog 模型：

$$c\log\log(1-h_{ict}) = \beta_0 + \beta_1 Zom_{ct} + \beta_2 Zom_{ct} \times \ln Agglm_{ct} \\ + \beta_3 \ln Agglm_{ct} + \eta Z + \lambda_t + \nu_c + \nu_k + \nu_t + \varepsilon_{ickt}$$

（10-3）

式（10-3）中，企业空间集聚（lnAgglm）与僵尸企业比率（Zom）的交互项用于表示空间集聚对僵尸企业影响效应的条件作用，该系数如果显著为负，就表示空间集聚的调节效应降低了企业持续创新的风险，即有利于企业持续创新。式中 i 为企业，c 为地级以上城市，t 为年份；$h_{ict} = \Pr(T_i < t+1 | T_i \geq t, x_{ict})$，是离散时间模型中的离散风险率，其中 x_{ict} 是协变量；λ 为基准风险率，Z 为控制向量；ν_c 为城市特定效应、ν_k 为行业特定效应、ν_t 为年份特定效应，随机误差项为 ε_{ickt}。

（二）企业空间集聚指数构建

为了深入细致地揭示企业空间集聚对企业创新持续性的影响，我们在已有方法的基础上构建了几个测度企业空间集聚的指标，这些指标能够将企业带来的集聚效应和知识溢出效应集中反映出来。指标的构建具体分成如下几个步骤。

第一步，根据企业在城市的空间分布，考虑企业 i 的就业、资本及中间投入集聚，该方法可以将企业空间集聚外部性对企业创新持续性的几种影响渠道考虑进去：①通过就业，就业集聚形成劳动力池，使企业能以更低的成本雇到匹配度更高的技术工人来生产创新产品。②通过资本，资本集聚可以促进专业化服务的外部规模经济形成；更高程度的资本集聚也反映出更激烈的市场竞争。③通过中间投入，企业之间通过中间投入形成了更为紧密的水平联系和前后向联系，在一定程度上可以反映企业之间的知识溢出。将这几种企业层面的要素加总至城市×行业层面，并将该数据除以其所处城市的行政面积，得出城市 c 行业 k 的企业空间密度：

$$de_{ck} = \sum_i employment_{ick} / area_c$$
$$dc_{ck} = \sum_i capital_{ick} / area_c$$
$$dm_{ck} = \sum_i median_{ick} / area_c \quad (10-4)$$

第二步，计算城市 c 行业 k 的企业就业、资本及中间投入所占份额：

$$se_{ck} = \sum_i employment_{ick} / \sum_k \sum_i employment_{ick}$$
$$sc_{ck} = \sum_i capital_{ick} / \sum_h \sum_i capital_{ick}$$
$$sm_{ck} = \sum_i median_{ick} / \sum_k \sum_i median_{ick} \quad (10-5)$$

第三步，运用 Hausman 和 Klinger（2007）基于 SITC 四位数行业构造的产业相似度指数对中国相应行业进行匹配，为此，本章将中国行业分类体系中的四位数行业与 SITC 四位数行业进行匹配。

第四步，借鉴 Long 和 Zhang（2011）的方法，根据产业相似度指数 $proximate_{kj}$ 对城市 c 行业 k 的空间密度进行如下调整：

$$ade_{ck} = \sum_j (de_{ck} \times proximate_{kj})$$
$$adc_{ck} = \sum_j (dc_{ck} \times proximate_{kj})$$
$$adm_{ck} = \sum_j (dm_{ck} \times proximate_{kj}) \quad (10-6)$$

第五步，计算出每个城市企业空间集聚指数，分别为就业集聚、资本集聚、中间投入集聚：

$$agglme_c = \sum_h (se_{ck} \times ade_{ck})$$
$$agglmc_c = \sum_k (sc_{ck} \times adc_{ck})$$
$$agglmm_c = \sum_k (sm_{ck} \times adm_{ck}) \quad (10-7)$$

僵尸企业的识别及僵尸企业比率的计算方法参照第三章。

（三）企业层面控制变量

企业异质性中的企业年龄（Age）、规模（Size）对于企业创新的持续性有重要影响，因此我们控制这两个企业层面变量的影响。企业规模用总资产的对数值衡量。

（四）地区层面控制变量

良好的基础设施（Inf）可以降低企业的生产成本，提高创新效率，能影响企业的创新持续性；我们使用各城市每百人电话使用量，即电话普及率测度基础设施状况。较高的人力资本（HC）积累是知识资本的基本特征。创新活动在很大程度上依赖与创新相关的人，拥有更高人力资本的地区更容易激发创新；同时也更容易接受新事物，也能影响企业创新持续性。本章采用大专以上教育程度人口比重来衡量地区人力资本状况。

（五）数据来源及处理

本章研究的空间单位为地级以上城市，限于某些城市数据指标缺失，故选择280个地级以上城市为研究对象。企业数据来自中国工业企业数据库（2000—2011年的统计数据），进行了企业数据匹配和整理。我们对一些工业产值等关键变量出现明显错漏的企业进行删除、整理，最终得到待估计的企业平衡面板数据。中国工业企业数据库中包含了企业相应年度的R&D投入和新产品产值、销售产值、固定资产年底余值、从业人数、企业年龄、中间投入值、资产负债表、损益表和现金流量表等，为我们的研究提供了较全面的数据。

在数据库中，企业只要显示有R&D投入或新产品产值，我们就认为企业在该年有创新。企业上一年度有创新，下一年度也有创新，定义为企业在下一年度"存活"。企业结束创新被称为"风险事件"（"消亡"）；因此，其仅指企业的R&D投入和新产品产值均为零的情况。数据处理中一个非常重要的问题就是，样本数据存在删失问题，包括左侧删失和右侧删失。为了达到避免数据左侧删失的目的，我们的研究样本是2000年没有创新但在考察期内存在创新的企业。故而，在我们的研究对象中，最长创新持续时间为11年；另外，生存模型本身可以解决样本右侧删失问题。其他相关数据来自《中国统计年鉴》《中国城市统计年鉴》和各省统计年鉴及中经网统计数据库。

三、实证检验结果

（一）基本计量结果

表 10-1 报告了全样本中空间集聚及其融资效应对企业创新持续性的影响效应的考察结果。估计中，我们均控制了不可观测异质性的影响，rho 似然比检验在 1% 的水平下显著，显示我们的生存模型估计是有效的，并且说明在模型中控制不可观测的异质性可以提高模型估计的稳健性和准确性。

表 10-1 基本计量结果

变量	资本集聚 (1)	就业集聚 (2)	中间投入集聚 (3)	未考虑集聚 (4)	资本集聚 (5)	就业集聚 (6)	中间投入集聚 (7)
常数	−2.0745*** (−4.339)	1.5662** (2.083)	−0.0667*** (−4.175)	1.9384** (2.155)	2.4605 (1.329)	1.8792*** (2.419)	−0.0721*** (−3.460)
lnAgglm	−0.1427*** (−4.388)	−0.0862** (−2.183)	−0.1194*** (−3.007)		−0.1244*** (−2.929)	−0.0735** (−2.106)	−0.1036*** (−2.835)
Zom				−0.0403*** (−5.287)	−0.0391*** (−5.344)	−0.0378*** (−3.742)	−0.0383*** (−5.062)
lnAgglm × Zom					−0.0042*** (−5.084)	−0.0025 (−1.385)	−0.0097*** (−6.146)
Age	−0.0784*** (−4.781)	−0.0766*** (−5.499)	−0.0757*** (−5.632)	−0.0761*** (−5.438)	−0.0723*** (−5.292)	−0.0729*** (−5.137)	−0.0733*** (−5.641)
Size	−0.0454*** (−3.052)	−0.0396*** (−3.779)	−0.0376*** (−2.711)	−0.0409** (−4.682)	−0.0334*** (−3.247)	−0.0350*** (−2.057)	−0.0368*** (−4.184)
Inf	0.0212 (1.126)	0.0059 (0.753)	−0.0104 (−1.049)	−0.0302 (−0.954)	0.0328 (−1.456)	−0.0371 (−1.743)	−0.0342 (−1.358)
HC	−0.1842*** (−5.682)	−0.1720*** (−5.499)	−0.1773*** (−4.152)	−0.1686*** (−6.827)	−0.1716*** (−4.582)	−0.1724*** (−5.437)	−0.1755*** (−4.798)
年份、城市、行业哑变量	有	有	有	有	有	有	有
观测值	192754	192754	192754	192754	192754	192754	192754

续表

变量	资本集聚(1)	就业集聚(2)	中间投入集聚(3)	未考虑集聚(4)	资本集聚(5)	就业集聚(6)	中间投入集聚(7)
Log-likelihood	−2497.38	−2428.22	−2575.13	−2537.28	−2439.28	−2496.71	−2488.50
rho 值	0.367	0.344	0.363	0.352	0.329	0.338	0.347
rho 值似然比检验	462.40*** [0.00]	471.66*** [0.00]	458.36*** [0.00]	451.02*** [0.00]	439.79*** [0.00]	459.11*** [0.00]	442.64*** [0.00]

注：**、***分别表示在5%、1%水平下显著，括号内为t值。

表10-1中（1）—（3）列、（5）—（7）列的报告结果显示，企业空间集聚的三种集聚指数影响系数都显著为负，这说明空间集聚降低了企业持续创新的风险，即有利于企业持续创新；实证结果证实了理论假设。比较三种集聚指数影响系数的绝对值，可以看到资本集聚影响系数的绝对值最大，中间投入集聚次之，就业集聚最小，即资本集聚最有利于促进企业持续创新，中间投入集聚、劳动力集聚次之。主要的原因是资本集聚带来的市场竞争、专业化服务的外部规模经济对企业持续性创新作用最明显，而就业集聚产生的劳动力池对企业持续创新的作用相对较小。

从表10-1中（4）—（7）列的结果中可以发现，僵尸企业比率（Zom）的影响系数为负，且均在1%的水平下显著，表明城市僵尸企业比率越高，给所在城市企业持续创新带来的风险越高，即僵尸企业不利于所在城市的企业持续性创新；僵尸企业通过加大正常企业的融资约束，从而导致企业创新这种高风险、高沉没成本的活动难以持续。融资约束越大的企业，"成功孕育成功"的正反馈机制越难发挥作用，企业持续性创新越难维系，创新持续的时间就越短。

重点关注三种集聚指数与僵尸企业比率的交互项，这几个影响系数均为负，且除就业集聚指数与僵尸企业比率的交互项外，其余项的

第十章 僵尸企业、空间集聚环境与企业创新持续性

影响系数均显著，意味着企业资本集聚和中间投入集聚通过缓解融资约束，降低了企业持续创新的风险，即促进了企业持续创新。比较来看，中间投入集聚与僵尸企业比率的交互项系数显著性最强，系数绝对值也最大。这一结论的经济学含义在于，企业能否通过集聚形成的商业信用渠道缓解僵尸企业带来的负向作用，主要与企业自身所拥有的资本额度及企业间通过投入产出关系形成的信贷网络有直接的关系，而与企业的就业人数关系不大。其中资本集聚表现为企业间强烈的市场竞争，这将刺激企业提供商业信贷来留住客户，防止客户转换交易对象，进而帮助企业缓解僵尸企业带来的负向作用。而中间投入集聚反映了企业之间的生产联系，这种生产联系可以通过上下游企业之间的供应链效应，还可以通过加速信息扩散、促进声誉机制发挥声誉效应等渠道，助推企业更好地缓解僵尸企业带来的负向作用，进而有利于"成功孕育成功"的正反馈机制发挥效应。比较而言，生产联系带来作用更突出。

控制变量中，企业年龄的影响系数显著为负，说明年龄大的企业创新持续性更强。主要原因在于，创新是沿着一定"技术轨迹"发展的，其特征是学习，结构惯性和累积互补。因此，更有经验的成熟的企业比那些没有经验的年轻竞争者更有可能成为一个强大的路径依赖者，从而提升企业创新持续性。企业规模对企业持续创新也产生了更大的促进作用，大规模企业拥有更充足的资源，可以更好地跨越"成功孕育成功"的门槛，促进创新的正反馈机制运行，从而保持持续创新。而小规模企业由于资源的限制，较难达到"成功孕育成功"机制发生作用的门槛，创新的持续时间较短。

基础设施（Inf）的影响不显著，这说明基础设施对企业创新持续性作用不大，这主要是由于目前中国的基础设施网络程度相对较低，对企业持续创新的作用不明显所致。用大专以上受教育的人口比重衡量的人力资本（HC），其对企业创新持续性的影响系数显著为负，表明企业高技能员工占比越高，就越有利于企业的持续创新。

（二）按规模分组检验结果

不同规模的企业在市场中的地位、配置资源能力、创新能力等方面存在一定的差异性。为此，我们将企业按规模分组，企业总资产对数值大于总资产对数值中位数的企业为大规模企业，小于中位数的企业为中小规模企业。从表10-2中的检验结果可以看到，资本集聚、中间投入集聚均有利于大规模、中小规模企业持续创新；但就业集聚仅对中小规模企业有显著为负的影响效应。我们认为主要原因是，大企业相对于中小规模企业，其本身对专业人才的吸引力就较大，就业集聚所带来的劳动力池效应并未对大企业持续创新产生积极的推动作用；而对于中小企业，劳动力池效应使得其更容易招聘到匹配度更高的员工，有利于其持续创新。融资约束对大规模、中小规模企业持续创新均产生了一定的抑制作用，但对于中小规模企业表现更为突出。这主要是因为大企业可以更好地通过银行或股票市场等融资渠道进行融资，从而减轻僵尸企业带来的限制作用。而中小企业受到更突出的融资约束，"成功孕育成功"的正反馈机制难以发挥有效作用。

表10-2　企业按规模分组的检验结果（cloglog模型）

变量	大规模企业 资本集聚	大规模企业 就业集聚	大规模企业 中间投入集聚	中小规模企业 资本集聚	中小规模企业 就业集聚	中小规模企业 中间投入集聚
常数	1.0844*** (5.562)	0.6506*** (5.076)	−2.4371*** (−7.682)	−2.8557*** (−4.275)	1.7502 (1.433)	3.0024 (0.389)
lnAgglm	−0.0813** (−2.148)	0.0326 (1.577)	−0.0574*** (−2.952)	−0.0942*** (−2.897)	−0.0477** (−2.095)	−0.0656*** (−2.572)
Zom	−0.0017* (−1.915)	−0.0023 (−1.442)	−0.0021* (−1.875)	−0.0530*** (−4.177)	−0.0518*** (−3.537)	−0.0524*** (−4.629)
lnAgglm × Zom	−0.0053*** (−3.174)	−0.0037 (−1.394)	−0.0069*** (−3.002)	−0.0028*** (−4.752)	−0.0021 (−1.004)	−0.0033* (−1.875)
Age	−0.0705*** (−5.709)	−0.0743*** (−5.926)	−0.0719*** (−5.478)	−0.0788*** (−5.427)	−0.0792*** (−5.244)	−0.0771*** (−5.396)
Inf_{jt-1}	−0.0274 (−1.128)	0.0166 (1.434)	−0.0175 (−1.389)	−0.0343 (−0.887)	0.0286 (1.248)	−0.0312 (−1.367)

续表

变量	大规模企业			中小规模企业		
	资本集聚	就业集聚	中间投入集聚	资本集聚	就业集聚	中间投入集聚
HC_{jt-1}	−0.1745*** (−5.138)	−0.1609*** (−5.854)	−0.1711*** (−5.592)	−0.1792*** (−5.246)	−0.1787*** (−5.943)	−0.1819*** (−5.027)
年份哑变量	有	有	有	有	有	有
城市哑变量	有	有	有	有	有	有
行业哑变量	有	有	有	有	有	有
观测值	94188	94188	94188	98566	98566	98566
Log-likelihood 值	−2595.49	−2531.24	−2582.39	−2551.57	−2507.21	−2587.62
rho 值	0.322	0.327	0.335	0.348	0.353	0.342
rho 值似然比检验	487.37*** [0.00]	477.23*** [0.00]	474.65*** [0.00]	424.11*** [0.00]	427.43*** [0.00]	432.74*** [0.00]

注：*、**、***分别表示在10%、5%、1%水平下显著，括号内为t值。

空间集聚对僵尸企业负向效应的缓解效应，在大规模企业组表现出更为突出的显著性；这说明空间集聚的缓解效应对企业持续创新产生的积极影响作用，在大企业中表现得更突出。原因在于大规模企业有更强的市场网络和市场实力，从而在企业集聚中获得更突出的商业信用支持。同时，这些大规模的工业企业有更充足的固定资产，而茅锐（2015）认为产业集聚增加了折变固定资产的企业遇见本产业内的其他企业（资产的最佳使用者）的概率，因此产业集聚通过固定资产折变渠道，能够更好地缓解大企业的融资约束，减轻僵尸企业带来的负向作用，进而促进持续创新。

（三）内资企业分所有权属性检验结果

由于内资企业中，国有企业与非国有企业在政策支持、经营目标等方面存在差异性，可能导致这两类企业中空间集聚的调节效应不同。表10-3报告了内资企业按所有权属性分组检验的结果，可以发现，国有企业的空间集聚指标影响系数在显著性及绝对值大小方面明显弱于非国有企业。尤其是就业集聚，国有企业的影响系数还为正，这表明企业空间集聚对于国有企业创新持续性的影响较小，就业集聚带来的劳动力池效应甚至对国有企业持续创新有一定的阻碍作用。而对于非国有企业，三种指标的影响系数均显著为负，说明空间集聚对非国有企业的创新持续性有较突出的影响。从中国的实际情况来看，获得"集聚租"并非国有企业空间集聚的最主要原因，可能的原因是为了获得"政策租"。

表 10-3 内资企业按所有权属性分组检验结果（cloglog 模型）

变量	国有企业			非国有企业		
	资本集聚	就业集聚	中间投入集聚	资本集聚	就业集聚	中间投入集聚
常数	4.2417*** (5.329)	2.1172 (1.044)	−1.8273*** (−7.826)	−0.804*** (−4.275)	−1.463*** (−3.520)	3.125*** (6.346)
lnAgglm	−0.0322* (−1.935)	0.0062 (1.183)	−0.0258** (−2.173)	−0.1370*** (−2.769)	−0.0826*** (−3.431)	−0.1044*** (−2.656)
Zom	0.0237 (1.026)	0.0163 (0.788)	0.0182 (1.432)	−0.0674*** (−3.865)	−0.0603*** (−3.478)	−0.0681*** (−4.173)
lnAgglm × Zom	−0.0033 (−1.269)	−0.0029 (−1.047)	−0.0054 (−1.146)	−0.0042*** (−5.084)	−0.0025 (−1.385)	−0.0097*** (−6.146)
Age	−0.0829*** (−5.230)	−0.0817*** (−5.075)	−0.0835*** (−5.641)	−0.0529*** (−4.711)	−0.0534*** (−4.897)	−0.0523*** (−4.036)
Size	−0.0362*** (−4.219)	−0.0379*** (−4.283)	−0.0376*** (−4.711)	−0.0452** (−3.874)	−0.0434*** (−3.609)	−0.0440*** (−3.788)
Inf_{jt-1}	0.0077 (1.082)	−0.0054 (−1.365)	0.0062 (1.450)	−0.0127 (−1.432)	−0.0132 (−1.566)	−0.0105 (−1.324)
HC_{jt-1}	−0.1611*** (−6.212)	−0.1616*** (−6.904)	−0.1703*** (−6.785)	−0.1774*** (−6.235)	−0.1793*** (−5.937)	−0.1767** (−6.174)
年份、城市、行业哑变量	有	有	有	有	有	有
观测值	35421	35421	35421	148458	148458	148458
Log-likelihood 值	−2235.26	−2308.35	−2401.47	−2119.52	−2136.28	−2194.04
rho 值	0.371	0.359	0.378	0.362	0.374	0.369

续表

变量	国有企业			非国有企业		
	资本集聚	就业集聚	中间投入集聚	资本集聚	就业集聚	中间投入集聚
rho 值似然比检验	419.26*** [0.00]	423.75*** [0.00]	428.44*** [0.00]	422.79*** [0.00]	430.12*** [0.00]	424.83*** [0.00]

注：*、**、***分别表示在10%、5%、1%水平下显著，括号内为t值。

国有企业的 Zom 变量影响系数均不显著，而非国有企业的 Zom 变量影响系数均显著为负，这说明对于非国有企业，僵尸企业带来的企业持续性创新风险也更高，创新的持续性受到严格的融资约束限制。我们认为原因在于，非国有企业面临着较严格的融资约束，受到僵尸企业的负面影响更为突出。而相对于非国有企业，国有企业具有债务融资优势。非国有企业受到较强的僵尸企业的负面影响，致使"成功孕育成功"这种正反馈机制被削弱，甚至无法启动，故而较大程度地限制了企业的持续性创新。

对于国有企业，三种空间集聚指数的影响系数均不显著，原因是国有企业受到政府的支持和保护，可以获得较具有优势的融资便利，其可以通过正规的融资渠道获得较多的信贷支持，故而导致其在使用企业空间集聚带来的商业信用方面缺乏激励。而对于非国有企业，三种空间集聚指数与僵尸企业比率的交互项系数均显著为负。我们认为主要是因为非国有企业面临较大的融资约束，受到僵尸企业的负向影响更为突出。在正规融资渠道狭窄的情况下，它们被迫利用其生存的空间集聚环境，通过企业间投入产出关系形成信贷网络，从而在一定程度上减轻僵尸企业带来的负面作用，进而有利于"成功孕育成功"正反馈机制发挥效应，促进了企业持续创新。这表明空间集聚的调节效应推动企业持续创新的渠道，主要在非国有企业中体现出来。

（四）稳健性检验

我们做了多项稳健性检验，目的在于保证结果的有效性。首先，我们分别用企业利息支付占固定资产的比重和企业资产负债比作为僵尸企业的代理变量，进行重新检验。其次，我们选用条件弱化型COX模型（CFC）代替cloglog模型进行检验。检验结果表明，前文研究结论具有较好的稳健性（限于篇幅，结果未报告）。

四、研究结论与政策启示

（一）研究结论

本章采用2000—2011年的企业数据和280个地级以上城市的数据，利用离散时间风险模型重点考察了空间集聚对僵尸企业对企业创新持续性的影响效应的调节作用。我们构建了全面反映各市企业空间集聚程度的指标，这些空间集聚指标较集中地反映了各城市的企业空间集聚产生的劳动力集聚效应、竞争效应、供应链效应、知识溢出效应等，及其对企业创新持续性、企业融资约束的影响途径。实证研究发现空间集聚促进了企业持续创新，而城市僵尸企业削弱了企业创新的持续性。资本集聚、中间投入集聚的效应增强了企业创新持续性，且中间投入集聚影响更突出。

进而，我们发现资本集聚、中间投入集聚均有利于大规模、中小规模企业持续创新；但就业集聚仅对中小规模企业有显著为正的影响效应。空间集聚的调节效应对企业持续创新产生的积极影响作用，在大企业中表现得更突出。空间集聚的调节效应对内资企业创新持续性的影响存在异质性；对非国有企业的创新持续性有更明显的影响作用。

（二）政策启示

第一，政府要继续加强产业集群的培育，做好产业集群的基础设施及专业化服务等配套工作，尤其要引导专业化服务部门提高服务质量，规范服务价格。鼓励集群内部企业之间加强合作与交流，扶持集群内部创新生态系统构建，以促进企业持续创新。

第二，政府要重视企业空间集聚的融资效应；通过鼓励企业空间集聚，培育产业集群等政策，政府能在既定的金融环境中放松企业面临的融资约束，助推"成功孕育成功"这种正反馈机制发挥有效作用，从而促进企业，尤其是非国有内资企业的持续创新。

第三，在当前进行的"非正式金融"的治理行动中，要构建相关制度甄别好有益于社会健康发展的"非正规金融"，不能一概关停了之，要吸收其合理的成分，打击和取消不合理的成分；尤其是对于集群中的商业信用带来的金融效应，要加以引导和规范。

第四，尽管我们研究发现企业空间集聚有助于缓解僵尸企业的负向作用，进而促进企业持续创新，但并不意味着企业持续创新不需要正式金融的支持，相反，集聚带来的融资效应应该是正式金融的补充。尤其是中小规模企业，面临着较大的融资约束，受到僵尸企业的负向作用更大，同时空间集聚的调节效应相对作用又较小。因此，进一步深化金融市场改革，促进金融产品创新，提升金融市场的竞争程度才是解决企业，尤其是中小规模企业持续创新面临的融资约束问题的根本途径。

第十一章
全球价值链参与是否有助于企业去僵尸化
——基于 cloglog 模型的倍差法检验

僵尸企业，占用大量社会资源且效率低下，并且扭曲市场资源配置，摧毁市场的创造性破坏机制，从而阻碍经济的发展。僵尸企业的处置是供给侧结构性改革的重要任务。2017 年 2 月，习近平总书记在中央财经领导小组第十五次会议上指出，深入推进去产能，要抓住处置"僵尸企业"这个"牛鼻子"，坚定不移处置"僵尸企业"。因此，在供给侧结构性改革的大背景下，研究僵尸企业去僵尸化的影响因素显得尤为重要。本章从贸易开放的角度，着眼于僵尸企业的全球价值链参与，将工业企业数据与海关贸易数据进行匹配，运用基于 cloglog 模型的倍差法，考察了全球价值链参与对僵尸企业去僵尸化的影响作用。

一、理论分析

大量研究表明，僵尸企业对经济的破坏作用是显而易见的。Ahearne 等（2005）发现 20 世纪 90 年代的日本，由于僵尸贷款的效应，导致生产率低的企业市场份额反而得到提升。Caballero 等（2008）发现僵尸企业的存在造成市场拥挤，破坏了市场自发的创造性破坏。Kwon 等（2015）认为僵尸企业是 20 世纪 90 年代末日本生产资源错配的主要原因，减少了日本的生产投入，降低了加总生产率。McGowan 等（2017）认为僵尸资本导致企业进入、退出市场受阻，不利于资本重置。谭语嫣等（2017）研究了僵尸企业对非僵尸企业投资行为的影响，发现存在挤出效应。陈瑞华等（2006）提出僵尸企业挤占了同省份其他正常企业的信贷资源，加大了企业的融资约束程度，进而减少了企业创新产出。He等（2020）利用中国民营企业数据发现，其中与政府联系越密切的企业，越容易成为僵尸企业。同时，近些年来，全球价值链的研究也成为国际经济研究领域的热点话题。Baldwin等（2014）研究了加拿大企业参与全球价值链对生产率的影响，结论表明，全球价值链带来的大市场效应和技术溢出效应，促进了生产率提高。吕越等（2017）发现全球价值链参与确实对提高中国企业的生产率有积极意义，且全球价值链嵌入与企业的生产效率提高存在倒U型关系。高翔等（2019）发现制造业全球价值链嵌入度与企业出口增加值呈现多样化的关系。Lu等（2019）研究了全球价值链参与对企业工资变化的影响，发现全球价值链参与度与工资之间呈现出U型关系。Wang等（2021）认为全球价值链参与有利于技术进步，进而减轻国际贸易带来的环境污染。从文献可以看出，研究僵尸企业或全球价值链的文章日益丰富，但是鲜有文献将二者结合起来研究。全球价值链参与意味着企业面临更激烈的市场竞争，同时可以获得进出口活动带来的知识溢出和学习效应，进而可能有助于僵尸企业去僵尸化。参与全球价值链的企业可以通过进出口过程中的学习效应实现生产率的显著提高。在进口学习效应方面，Amiti等（2007）对印度尼西亚企业的研究发现，降低投入关税可以显著提高企业生产率。Halpern等（2015）研究发现，国内和国外产品的不完全替代导致了进口投入对乌拉圭企业生产率的提高作用。大量研究表明，僵尸企业的生产率要明显低于非僵尸企业，而生产率提高是僵尸企业复苏的重要促进力量，Carreira等（2008）研究发现，企业全要素生产率提高1个单位，僵尸企业复苏的概率将提高45.6%。全球价值链参与还有利于促进企业技术创新。全球价值链参与可以让企业获得战略（外部）资源，促进新想法的产生，有利于企业创新。王文成（2018）认为全球价值链参与对企业创新具有重要影响，长期的进出口使企业得以在国际市场上获取创新红利。Buciuni等（2021）发现全球价值链的地理空间和结构分布对企业创新发展产生了显著的影响。程虹等（2016）认为技术创新能力不足可能是僵尸企业形成的重要因素，技术创新的不足制约了企业产品更新换代的速度及产品质量水平的提升，使企业无法满足不断变化的市场需求及形成差异化的质量竞争优势，进而导致企业经营绩效下降。故此，全球价值链参与可通过促进僵尸企业技术创新从而实现去僵尸化。

通过上述分析，本章提出以下理论假设。

假设 11.1：**僵尸企业参与全球价值链有助于其去僵尸化。**

假设 11.2：**全球价值链参与通过提升僵尸企业生产率、推动技术创新等渠道实现去僵尸化。**

二、方法、变量与数据

（一）研究方法

本章采用生存分析模型来研究僵尸企业转化为非僵尸企业的决定因素。这种方法的优点在于可以在僵尸企业整个生命周期期间研究企业生存概率（保持僵尸企业状态的概率）。然后利用倍差法检验参与全球价值链对僵尸企业转化为非僵尸企业的影响。在此基础上，使用倾向得分匹配法，以减少潜在的内生性问题引起的偏差。

生存函数的离散时间模型可以较好地克服传统的连续模型存在的缺陷，得到了较广泛的应用，其中 cloglog 模型应用最广。本章也使用 cloglog 模型进行分析，在典型的非信息性截尾假设下，生存事件与截尾时间无关，Z 为协变量向量。于是僵尸企业转变成非僵尸企业事件的生存函数可以写成：

$$h_i(t|Z_{i,t},\beta) = h_0(t)\exp(Z_{it}\beta) \qquad (11-1)$$

对两边取对数有：

$$\ln h_i(t) = \beta Z + \ln h_0(t) + \varepsilon_{it} \qquad (11-2)$$

其中，$h_0(t)$ 为基准生存率，$\exp(Z_{it}\beta)$ 表示影响僵尸企业转变成非僵尸企业的因素，首先利用偏似然函数计算 β 的极大似然估计 L（β）

值，计算各变量的参数 β 后，进而计算其指数形式 e^{β} 获得生存比率，假如生存比率大于 1，则说明该变量的增大使得僵尸企业转变成非僵尸企业的概率增大；生存比率小于 1，则表明变量增大使得僵尸企业转变成非僵尸企业的概率减小。

将全球价值链参与作为僵尸企业去僵尸化的影响因素加入模型中，如果仅简单地将参与全球价值链前后的两组僵尸企业数据进行直接比较，将会产生样本选择偏差和异质性偏差问题，从而使全球价值链参与和僵尸企业去僵尸化之间产生内生性。为了消除变量之间的内生性问题，本章将利用基于倾向得分匹配的倍差法进行研究。

僵尸企业去僵尸化的生存率用 Y 表示，则僵尸企业参与全球价值链带来去僵尸化的生存率变化的平均处理效应可以表示为

$$\text{ATT} = E(Y_{1i} - Y_{0i} | \text{GVC}_i = 1) = E(Y_{1i} | \text{GVC}_i = 1) - E(Y_{0i} | \text{GVC}_i = 1) \quad (11-3)$$

其中，$\text{GVC}_i = 1$ 表示僵尸企业 i 参与了全球价值链，而 $E(Y_{0i} | \text{GVC}_i = 1)$ 为参与了全球价值链的僵尸企业 i 在未参与全球价值链时的生存率，这事实上是无法观测到的。我们仅能观测到 $E(Y_{0i} | \text{GVC}_i = 0)$，即企业未参与全球价值链时的生存率，但如果用 $E(Y_{0i} | \text{GVC}_i = 0)$ 来代替 $E(Y_{0i} | \text{GVC}_i = 1)$ 就会产生选择性偏差。因此，在估计平均处理效应中最关键的就是构建反事实因子：$E(Y_{0i} | \text{GVC}_i = 1)$。

选用合适的匹配方法可以解决这一问题，即寻找到一组可观测的变量决定的、与参与全球价值链的僵尸企业概率非常接近的未参与企业，然后用这组未参与全球价值链的僵尸企业的生存率来代替 $E(Y_{0i} | \text{GVC}_i = 1)$。Rosenbaum 等（1983）认为倾向得分匹配在解决这种问题时效果较好。我们选用常用的最近邻居匹配法进行匹配，匹配变量选取企业人均工资、企业规模、企业流动比率、企业经营年限。匹配之后，运用倍差法（DID）检验企业全球价值链参与对僵尸企业转变成非僵尸企业的影响。由于企业参与全球价值链是逐渐进行的，时间

上存在先后差异，于是，根据 Angrist 等（2014）关于渐进性双重差分的经典做法和倍差法的基本设定：

$$\ln h_{it} = \ln h_0(t) + \beta_1 GVC_i + \beta_2 post_t + \beta_3 GVC_i \times post_t + \varphi Z + \eta_i + \xi_t + \varepsilon_{it} \quad (11-4)$$

其中，GVC 为实验组指示变量，企业属于实验组则为 1，属于控制组则为 0。实验组为参与全球价值链的僵尸企业，本章使用的对照组在研究期内一直是未参与全球价值链的僵尸企业，这可以避免因企业状态变化带来的样本选择性偏误。post 为年份虚拟变量，僵尸企业参与全球价值链以后 Post 为 1，之前为 0。Z 为控制变量，根据已有文献，本章控制以下几个变量：①企业人均收入（lnwage），由于数据可获得性的限制，一般用工资加福利费的对数衡量这一变量，本章也采用这一方法。②企业规模（lnSize），采用企业年平均从业人数的对数值衡量。③企业经营年限（lnAge），用当年年份与企业开业年份之差再加上 1 来衡量，并取对数。④省（区、市）金融发展水平（PF），用各省（区、市）各年的贷款额与 GDP 的比率衡量。

（二）企业全球价值链参与的判别

本章参照 Upward 等（2013）和 Lu 等（2019）的方法判别企业是否参与全球价值链。根据海关数据及工业企业数据，构建企业国外附加值率（FVAR）：

$$FVAR = \frac{V_F}{X} = \frac{M^P + X^o[M^o/(D+X^o)]}{X} \quad (11-5)$$

其中，上标 p 为加工贸易，上标 o 为一般贸易，X 为出口，M 为进口，D 为国内销售值，用企业营业总收入减去出口值得到。对于销售总额小于出口总额的企业，本章将其对外增加值定义为加工贸易进口与普通贸易进口之和。由于式（11-5）存在一定的不合理性，比如进口可能被低估，故可以将其拓展为

$$FVAR^* = \frac{\{M_A^P + X^o[M_{Am}^o/(D+X^o)]\} + w\{M^T - M_A^P - X^o[M_{AM}^o/(D+X^o)]\}}{X}$$

$$(11-6)$$

其中，M^T为企业的中间投入，w表示中间投入中进口的比重，由于没有企业层面的投入产出表，该值参照已有文献取0.05。

$M_A^P = \sum_g \frac{M_g^p}{1-m^g}$，g是企业加工贸易进口的产品。$M_{Am}^o = \sum_k \frac{M_{mk}^o}{1-m^k}$，k是企业一般贸易进口的中间投入品。如果企业的$FVAR^*>0$，则认为企业参与了全球价值链。

（三）僵尸企业的识别

Caballero等（2008）最早对僵尸企业进行识别，Fukuda等（2013）在其基础上加入企业利润水平和杠杆率变化的信息进行修正，本章在后者识别方法的基础上，借鉴谭语嫣等（2017）的思路，按照如下步骤识别工业中的僵尸企业。

第一步，估算正常经营状态下，企业至少需要支付的最低利息RA_{it}：

$$RA_{it} = rs_{t-1}BS_{it-1} + \left(\frac{1}{5}\sum_{j=1}^{5}rl_{t-j}\right)BL_{it-1} \tag{11-7}$$

BS_{it-1}、BL_{it-1}分别为短期（少于一年）银行贷款、长期（超过一年）银行贷款；rs_t和rl_t分别是银行一年期和五年期平均的基准贷款利率。

第二步，将企业实际支付的利息RB_{it}与本章假设的企业至少需要支付的最低利息RA_{it}进行比较，并将差额除以上一期短期银行贷款和长期银行贷款之和，从而得到利息差的计算公式：

$$GAP_{it} = (RB_{it} - RA_{it})/(BS_{it-1} + BL_{it-1}) \tag{11-8}$$

与Caballero等（2008）的研究一样，如果$GAP_{it}<0$，则企业i获得了补贴，其僵尸指数为1；否则，它的僵尸指数为0。

第三步，根据Fukuda等（2013）的方法，采用"盈利能力标准"和"常青贷款标准"进一步调整企业僵尸指数。首先，根据"盈利能力标准"，即息税前利润（EBIT）超过假设的无风险利息支出的企业不被归类为僵尸企业。其次，根据"常青贷款标准"，即无盈利、高杠杆（杠杆率高于0.5）且对外借款增加的企业被归类为僵尸企业。具体而言，如果企业的息税前利润低于假设的 t 期无风险利息支出，企业总外债超过其总资产的一半，且 t 期增加的负债大于 t-1 期，则将其归类为 t 期的僵尸企业。

（四）数据来源及处理方法

本章的数据主要来自中国工业企业数据库和中国海关数据库，这两个数据库是中国目前研究工业企业及进出口方面的代表性数据库。本章首先从中国工业企业数据库识别出僵尸企业，然后与中国海关进出口数据匹配。匹配的办法参照吕越等（2017）的做法，即采用企业代码、年份、邮政编码和电话号码等信息进行识别匹配。参照出口持续时间等的定义，将僵尸企业持续时间定义为某一企业变成僵尸企业后至转变为非僵尸企业或者退出市场所经历的持续时间。有些僵尸企业可能退出市场，我们把这种情况剔除，仅保留在考察期内持续经营的僵尸企业样本。其他相关数据来自相应年份的《中国统计年鉴》《中国城市统计年鉴》、各省（区、市）统计年鉴及中经网统计数据库。

三、实证结果

（一）平行趋势检验

在运用倍差法前，首先需要对实验组和对照组进行平行趋势检验。本章加入虚拟变量 $Pre5_{it}\cdots Pre1_{it}$、$Current_{it}$、$After1_{it}$、$After2_{it}$ 进行平行趋势检验，估计回归方程如下：

$$ES_{it} = \alpha_0 + \beta_{-5}Pre5_{it} + \beta_{-4}Pre4_{it} + \beta_{-3}Pre3_{it} + \beta_{-2}Pre2_{it} + \beta_{-1}Pre1_{it} + \beta_0 Current_{it} + \beta'_1 After1_{it} + \beta'_2 After2_{it} + \lambda_1 X_{it} + \mu_i + \gamma_t + \varepsilon_{it} \quad (11-9)$$

其中，$Pre5_{it}$ 表示当 t 时期是企业参与全球价值链前第 5 年时，该变量取值为 1，否则取 0；$Pre4_{it}$ 表示当 t 时期是企业参与全球价值链前第 4 年时，该变量取值为 1，否则取 0；$Pre3_{it}$、$Pre2_{it}$、$Pre1_{it}$ 取值方法相同。$After1_{it}$ 表示当 t 时期是企业参与全球价值链第 1 年时，该变量取值为 1，否则取 0；$After2_{it}$ 取值方法相同。$Current_{it}$ 表示当 t 时期是企业参与全球价值链当期时，该变量取值为 1，否则取 0，其余控制变量同

第十一章 全球价值链参与是否有助于企业去僵尸化
——基于cloglog模型的倍差法检验

模型1。图11-1绘制了95%置信区间下企业参与全球价值链前、参与当年和参与后各年份的回归系数。由平行趋势检验结果可知，$Pre5_{it}\cdots Pre1_{it}$的回归系数均在5%的置信水平下不显著，说明实验组和对照组在企业参与全球价值链前没有显著差异，即平行趋势假设成立。进一步发现，在企业参与全球价值链当年和参与全球价值链后第1年，回归系数均在5%的置信水平下显著。

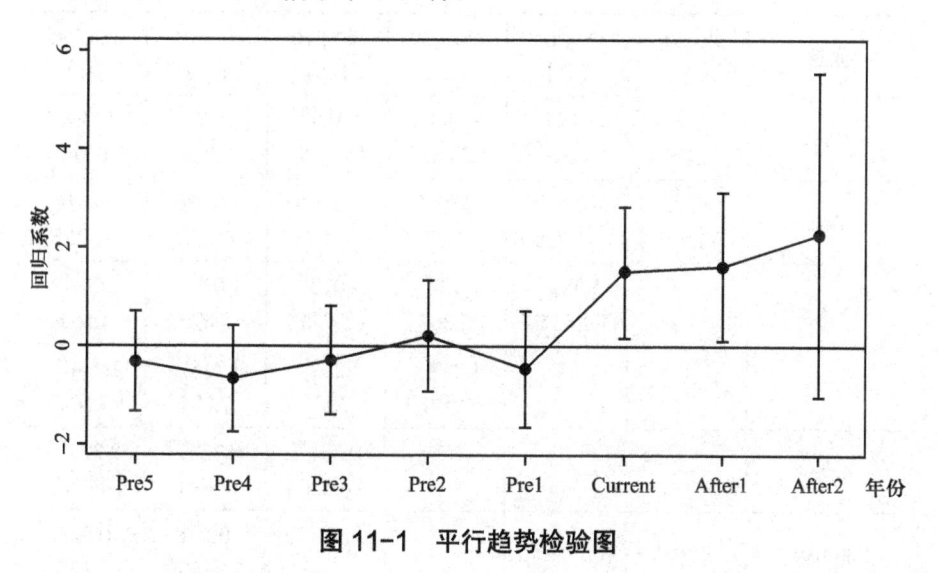

图11-1 平行趋势检验图

（二）基准检验

表11-1报告了模型（11-4）的计量结果，报告的均为系数指数化后的生存比率。从（3）列到（6）列逐步添加了控制变量，可以看到倍差法的关键变量GVC×Post的系数均显著大于1，这说明全球价值链参与确实有助于加大僵尸企业转变成非僵尸企业的概率，促进了僵尸企业的去僵尸化，假设11.1得到验证。

关注控制变量的系数，可以发现，企业人均收入（lnwage）的系数均大于1，且在1%的水平下显著，说明企业人均收入也加大了僵尸企业转变成非僵尸企业的概率，这主要是由于较高的人均收入有利于促进员工努力工作，更好地发挥自己的聪明才智，也可以间接说明企业的人力资本水平更高，有助于僵尸企业生产率的提高，同时可以帮助僵尸企业增强创新能力，提高僵尸企业的利润水平，进而实现去僵尸化。企业规模（lnSize）的系数小于1，表明企业规模越大越不利于僵尸企业转变成非僵尸企业，其原因我们在下文异质性检验中再详细讨论。企业的经营年限（lnAge）和省（区、市）金融发展水平（PF）对僵尸企业去僵尸化的影响不显著。

表 11-1　基准回归结果（系数均已指数化，下同）

变量	cloglog（1）	cloglog（2）	cloglog（3）	cloglog（4）	cloglog（5）	cloglog（6）
GVC	1.283*** （2.479）	1.147* （1.923）	1.188*** （2.852）	1.169*** （1.906）	1.175* （1.863）	1.194* （1.978）
Post	−0.807 （−1.471）	−0.944 （−1.235）	−0.912 （−1.227）	−0.918 （−1.073）	−0.932 （−1.182）	−0.916 （−1.267）
GVC × Post		1.051*** （4.893）	1.027*** （5.264）	1.020*** （5.935）	1.039*** （5.679）	1.084*** （5.562）
lnWage			1.287*** （7.491）	1.252*** （7.279）	1.218*** （7.084）	1.234*** （7.202）
lnSize				0.701*** （4.826）	0.725*** （4.519）	0.723*** （4.485）
lnAge					0.501 （1.283）	0.628 （1.126）
PF						0.902 （1.237）
企业固定效应	有	有	有	有	有	有
年份固定效应	有	有	有	有	有	有
观测值	228 759	228 759	228 759	228 759	228 759	228 759
Log-likelihood	−2 562.42	−2 587.33	−2 615.02	−2 602.21	−2 652.81	−2 694.27

注：*、*** 分别表示在10%、1%水平下显著，括号内为t值。

（三）异质性分析

我们首先考虑全球价值链参与对国有企业、私营企业去僵尸化的影响差异性。从表11-2的（1）—（2）列可以看出，倍差法的关键变量 GVC × Post 对国有企业的影响系数不显著，而对于私营企业的影响

第十一章 全球价值链参与是否有助于企业去僵尸化
——基于cloglog模型的倍差法检验

系数则在1%的水平下显著大于1，这说明，参与全球价值链对僵尸企业转化成非僵尸企业的影响效应主要在私营企业中发挥显著的作用，而对于国有僵尸企业转变为非僵尸企业没有明显的影响作用。主要原因有如下几点：①银行体系的信贷资源比较偏向国有企业，而私营企业获得信贷的难度较大。②国有企业一般承载着维持经济稳定的任务，基于此，地方政府将持续向国有企业提供补贴和"廉价信贷"。而缺乏生存能力是僵尸企业的一个重要特征，因此，如果没有外部支持，僵尸企业很难在市场上生存。但由于政府的补贴，它们没有退出，最终成为僵硬但不死的僵尸企业。通过这种方式，政府补贴为国有僵尸企业的持续经营提供了动力，从而抵消全球价值链参与带来的积极作用，导致全球价值链参与对国有僵尸企业的去僵尸化效应总体表现不显著。

表 11-2 不同企业属性检验

变量	国有企业（1）	私营企业（2）	规模占样本前30%的企业（3）	规模占样本后70%的企业（4）	一般贸易企业（5）	非一般贸易企业（6）
GVC	0.628（1.275）	1.094***（4.365）	0.763（1.025）	1.027***（2.892）	1.043*（1.994）	0.611（1.242）
Post	0.891***（3.688）	0.024（1.253）	−0.077（−1.182）	0.844（1.265）	−0.894（−1.068）	0.962（1.105）
GVC × Post	0.426（1.159）	1.124***（5.472）	0.801（1.325）	1.034***（6.915）	1.053***（5.296）	0.627（1.154）
控制变量企业固定效应	控制有	控制有	控制有	控制有	控制有	控制有
年份固定效应	有	有	有	有	有	有
观测值	85394	143365	76253	152506	79218	149541
Log-likelihood	−2328.39	−2195.11	−2263.25	−2042.71	−2149.50	−2246.28

注：*、*** 分别表示在10%、1%水平下显著，括号内为t值。

按照企业规模（用企业从业人数衡量），将企业分成规模位于样本前30%的企业和规模位于后70%的企业。结果中仅规模位于后70%

的企业 GVC×Post 影响系数显著大于 1，而规模位于前 30% 的企业不显著。这表明全球价值链参与促进僵尸企业实现去僵尸化仅对规模位于后 70% 的企业有效。主要原因可能是较大规模的企业在稳定就业、促进地方经济发展中起着更重要作用，地方政府对其往往有一定的政策倾斜，比如对较大规模的企业进行资金支持，因此，其去僵尸化阻力较大。而中小企业能获得的政府补贴支持较少，甚至没有，从而更有利于俘获全球价值链参与对其产生的积极作用。

进而，本章借鉴钱学锋等（2013）对贸易方式分类的思路，将企业分成一般贸易企业和非一般贸易企业，非一般贸易包括出口加工区进口设备、出料加工贸易、进料加工贸易、来料加工装配进口的设备、来料加工装配贸易。结果一般贸易企业的 GVC×Post 影响显著大于 1，而非一般贸易企业不显著。表明全球价值链参与降低僵尸企业去僵尸化的作用仅对一般贸易企业有效。这主要是由于非一般贸易企业在全球价值链中参与度较浅，尤其是加工贸易企业在价值链分工中存在较强的被动性，往往从事接单生产，缺乏自主的生产与设计制造能力，被长期锁定在价值链分工低端环节的概率比较大，故非一般贸易僵尸企业在全球价值链分工中获得利润较低，无法助推其转变成非僵尸企业。

（四）稳健性检验

为了验证模型的稳健性：一是改变僵尸企业的识别方法进行稳健性检验，采用 Caballero 等（2008）的衡量方法，使用真实利润衡量标准识别僵尸企业，结果见表 11-3 的（1）—（2）列。二是在模型的选择方面，采用 COX 比例模型重新进行估计，结果见表 11-3 的（3）—（4）列。三是改变匹配方法，使用 Cochran 等（1997）提出的马哈拉诺比斯距离匹配法（Mahalanobis Distance Matching，MDM）先进行匹配，然后使用倍差法进行检验，结果见表 11-3 的（5）—（6）列。从各列结果可以看到，GVC×Post 的系数显著性、正负性与基础模型的实证结果相差不大，这说明建立的模型具有较强的稳健性。

表 11-3 稳健性检验

变量	真实利润衡量标准		COX 比例模型		MDM-DID 方法	
	(1)	(2)	(3)	(4)	(5)	(6)
GVC	1.097** (2.126)	1.031* (1.940)	1.129*** (2.920)	1.099*** (4.267)	1.023 (1.272)	1.035 (1.164)
Post	0.944 (1.273)	0.791 (1.058)	0.329 (1.387)	0.659 (1.240)	−0.739 (−1.461)	−0.668 (−1.397)
GVC×Post		1.074*** (5.293)		1.135*** (6.173)		1.097*** (5.852)
控制变量 企业固定效应	控制 有	控制 有	控制 有	控制 有	控制 有	控制 有
年份固定效应	有	有	有	有	有	有
观测值	228 759	228 759	228 759	228 759	228 759	228 759
Log-likelihood	−2 614.75	−2 622.89	−2 291.22	−2 286.52	−2 644.47	−2 681.05

注：*、**、*** 分别表示在 10%、5%、1% 水平下显著，括号内为 t 值。

（五）影响机制检验

本章采用常用的中介效应模型对影响机制进行检验，模型方程组参照林梨奎（2020）的方法进行构建：

$$\ln h_{it} = \ln h_0(t) + \beta_{11}GVC_i + \beta_{21}post_t + \varphi GVC_i \times post_t + \varphi Z + \eta_i + \xi_t + \varepsilon_{it} \quad (11-10)$$

$$Mida_{it} = \beta_{21}GVC_i + \beta_{22}post_t + \lambda GVC_i \times post_t + \varphi Z + \eta_i + \xi_t + \varepsilon_{it} \quad (11-11)$$

$$\ln h_{it} = \ln h_0(t) + \beta_{13}GVC_i + \beta_{23}post_t + \rho GVC_i \times post_t + \gamma Mida_{it}$$
$$+ \varphi Z + \eta_i + \xi_t + \varepsilon_{it} \quad (11-12)$$

Mida 为中介变量，根据前文分析结果，取企业的生产率（TFP）和技术创新（R&D）为中介变量，在模型中取对数。企业的生产率（TFP）采用 Ackerberg 等（2015）的方法进行计算。技术创新（R&D）指标采用工业企业数据库中的"研发费用支出"的绝对值（取自然对数）来测度。

表 11-4 的（2）—（3）列显示，GVC×Post 的系数均显著为正，

这说明僵尸企业参与全球价值链确实提高了其生产率，促进了技术创新。(4)列加入了企业生产率(TFP)指标,(5)列加入了企业技术创新(R&D)指标，从结果中可以看到,TFP和R&D的影响系数也均显著大于1，意味着企业生产率提高、企业技术创新能力增强均有助于加大僵尸企业转变成非僵尸企业的概率，即促进了僵尸企业的去僵尸化。对(1)、(4)、(5)列中的GVC×Post的影响系数进行比较可以看到，加入中介变量TFP和R&D后,GVC×Post的影响系数绝对值明显变小了，故而可以初步认为企业生产率(TFP)和技术创新(R&D)存在促进僵尸企业去僵尸化的中介效应，假设11.2得到验证。

进一步，我们利用Sobel方法对中介效应做更深入的检验，该方法的原假设为$\lambda \times \gamma = 0$，假如原假设被拒绝，则表明中介效应存在。首先计算$\lambda \times \gamma$的标准差$S_{\lambda\gamma} = \sqrt{\lambda^2 s_\gamma^2 + \gamma^2 s_\lambda^2}$，s为相应系数的标准差，接着利用表11-4的结果计算得到$Z_{\lambda\gamma}$统计量值，结果发现企业生产率和技术创新的伴随概率均小于0.1，均表现出显著性。因此，这进一步说明企业生产率和技术创新是助推僵尸企业去僵尸化的机制变量。

表11-4 影响机制检验

变量	因变量lnh (1)	因变量TFP (2)	因变量R&D (3)	因变量lnh (4)	因变量lnh (5)
GVC	1.057* (1.939)	0.015*** (3.879)	0.088*** (5.247)	1.032*** (4.108)	1.024** (2.156)
Post	0.944 (1.273)	0.032 (1.266)	0.391 (1275)	0.492 (1.292)	0.625 (1.402)
GVC×Post	1.073*** (5.839)	0.088*** (5.263)	0.149*** (4.866)	1.086*** (4.172)	1.052*** (6.371)
TFP R&D				1.046*** (5.093)	1.081*** (5.379)
控制变量	控制	控制	控制	控制	控制
企业固定效应	有	有	有	有	有
年份固定效应	有	有	有	有	有

续表

变量	因变量 lnh (1)	因变量 TFP (2)	因变量 R&D (3)	因变量 lnh (4)	因变量 lnh (5)
观测值	228759	228759	228759	228759	228759
Log-likelihood	−2529.45			−2611.72	−2638.42
R^2		0.342	0.374		

注：*、**、*** 分别表示在10%、5%、1% 水平下显著，括号内为 t 值。

（六）地区特征对全球价值链参与去僵尸化效应的调节作用检验

地区特征对全球价值链参与的去僵尸化效应可能存在一定的调节作用，根据已有的文献，本章考虑市场化程度和银行业竞争程度两个特征：

$$lnh_{it}=lnh0(t) + \beta_1 GVC_i \times post_i + \beta_2 RSP_c + \beta_3 GVC_i \times post_i \times RSP_c + \varphi Z + \eta_i + \xi t + \varepsilon_{ict} \quad (11-13)$$

式（11-13）中，C 为省份，RSP 为特征变量，其中市场化程度（Market）使用"市场化指数"衡量。以根据每家银行在各省分支机构数量的占比计算的赫芬达尔（HHI）指数的相反数作为地区银行业竞争的代理指标（HHI_branch）。

$$HHI\_branch_{ct} = -\sum_{n=1}^{N}\left(bankbranch_{nct}/\sum_{n=1}^{N}bankbranch_{nct}\right)^2 \quad (11-14)$$

其中，$bankbranch_{nct}$ 表示不同银行机构 n 在不同省份 c 在年份 t 的营业网点数量。市场化指数数据来自王小鲁等编著的《中国分省份市场化指数报告（2016）》，银行业竞争数据来自国家金融监督管理总局发布的全国金融机构的金融许可证信息，检验结果见表 11-5。从中可以看到，市场化程度（Market）、银行业竞争（HHI_branch）与倍差法关键变量构成的三重交叉项（GVC×Post×RSP）的影响系数均显著大于 1。这说明区域的市场化程度、银行业竞争程度有助于增强全球价值链参与的去僵尸化效应。可能的解释是，一方面，地区市场化程度越高，企业参与全球价值链的可能性和嵌入度将越大，越容易获得国际市场的技术溢出和竞争效应，促进僵尸企业提升经营绩效，进而帮助其转变成非僵尸企业。另一方面，地区市场化程度越高，参与全球价值链带来的知识溢出、高质量的进口中间投入品、大市场效应等正面作用越能够帮助僵尸企业提高生产率，增强技术创新能力，进而实现去僵尸化。另外，地区银行业竞争程度越高，银行提供信贷则更多关注利润，对企业的所有制形式、企业规模等方面的关注会减少，进而信贷资金的配置将更为科学，将更多地向生产率高、技术创新能力强的企业配置，从而加大僵尸企业去僵尸化的概率。

表 11-5 区域特征的调节作用

变量	RSP=Market		RSP=HHI_branch	
	（1）	（2）	（3）	（4）
GVC × Post	1.086*** （2.843）	1.076** （2.192）	1.044*** （3.561）	1.051*** （2.764）
RSP	1.024*** （3.765）	1.022*** （5.184）	1.092*** （4.145）	1.073*** （4.417）
GVC × Post × RSP		1.015*** （5.274）		1.039*** （5.491）
控制变量企业固定效应	控制 有	控制 有	控制 有	控制 有
年份固定效应	有	有	有	有
观测值	228759	228759	228759	228759
Log-likelihood	−2529.20	−2511.68	−2842.93	−2834.37

注：**、*** 分别表示在5%、1%水平下显著，括号内为t值。

四、研究结论与政策启示

（一）研究结论

本章基于中国工业企业数据及海关进出口匹配数据，使用基于cloglog模型的倍差法研究了僵尸企业参与全球价值链对去僵尸化的影响。研究发现全球价值链参与总体上显著地加大了僵尸企业转变成非僵尸企业的概率。但是，异质性检验发现，全球价值链参与对私营企业、中小规模企业、一般贸易企业的去僵尸化作用显著，但对国有企业、大规模企业、非一般贸易企业的去僵尸化作用不显著。影响机制表明，僵尸企业的全球价值链参与主要是通过生产率提升效应、技术创新改善效应实现去僵尸化。进一步研究发现，地区特征中的市场化程度、银行业竞争程度均有利于增强全球价值链参与的去僵尸化效应，因此在鼓励僵尸企业参与全球价值链的过程中，同时提升地方市场化程度、加强银行业竞争具有重要的意义。

（二）政策启示

第一，由于僵尸企业对经济发展带来较大的负面作用，因此，政府必须进一步推进供给侧结构性改革，加快僵尸企业的治理，充分发挥市场化政策和创造性破坏机制的作用，从长远上逐步减少僵尸企业。

第二，鼓励僵尸企业积极参与全球价值链，尤其是对于民营企业、中小规模企业和从事一般贸易的僵尸企业，政府要采取措施帮助这些僵尸企业参与到全球价值链中，以获得全球价值链带来的积极效应，通过提高其生产率和提升技术创新能力，最终帮助其转变成非僵尸企业。在帮助僵尸企业参与全球价值链的同时，还需要做好两方面的文章，首先是继续推行市场化改革，释放市场的活力，以市场为导向，促进人才、信贷资金等资源的优化配置，提升资源配置效率。其次是放宽银行业管制，让更多符合政策规范的银行业主体进入金融市场，提升银行业竞争程度，进一步提升资本配置效率，以增强全球价值链参与的去僵尸化效应。

第三，对具有国有性质、规模较大的僵尸企业，政府要在鼓励其参与全球价值链经营的同时，相应减少不必要的扶持和"输血"，实行优胜劣汰，发挥市场机制的作用，该破产重组的僵尸企业就应该尽快进入相应程序，促进经济整体高质量发展。

参考文献

[1] Acemoglu D, Carvalho V M, Ozdaglar A, et al. The Network Origins of Aggregate Fluctuations [J]. Econometrica, 2012, 80 (5): 1977-2016.

[2] Ackerberg D, Caves K, Frazer G. Identification Properties of Recent Production Functions [J]. Econometrica, 2015, 83 (6): 2411-2451.

[3] Ahearne A G, Shinada N. Zombie Firms and Economic Stagnation in Japan [J]. International Economics and Economic Policy, 2005, 2 (4): 363-81.

[4] Akbar S, Rehman S, Ormrod P. The Impact of Recent Financial Shocks on the Financing and Investment Policies of UK Private Firms [J]. International Review of Financial Analysis, 2013, 26 (C): 59-70.

[5] Alegre J, Lapiedra R, Chiva R. Measurement Scale for Product Innovation Performance [J]. European Journal of Innovation Management, 2006, 9 (4): 333-346.

[6] Alhassan A, Usman O, Ike G, et al. Impact Assessment of Trade on Environmental Performance: Accounting for the Role of Government Integrity and Economic Development in 79 Countries [J]. Heliyon, 2020, 6 (9): 5-46.

[7] Almeida H, Campello M. Financial Constraints, Asset Tangibility, and Corporate Investment [J]. Review of Financial Studies, 2007, 20 (5): 1429-1460.

[8] Amiti M, Konings J.Trade Liberalization, Intermediate Inputs, and Productivity: Evidence from Indonesia [J]. American Economic Review: Papers & Proceedings, 2007, 97 (5): 1611-1638.

[9] Angrist J, Pischke J. Mastering' Metrics: The Path from Cause to Effect [M]. New Jersey: Princeton University Press, 2014.

[10] Anselin L, Florax R. Small Sample Properties of Tests for Spatial Dependence in Regression Models: Some Further Results [M] //Anselin L, Florax R. New Directions in Spatial Econometrics. Berlin, New York: Springer-Verlag, 1995.

[11] Arellano M, Bover O. Another Look at the Instrumental-variable Estimation of Error Components Models [J]. Journal of Econometric, 1995, 68 (1): 29-52.

[12] Arrow J, Kerr A, Wittenberg M. Job Creation and Destruction in South Africa [J]. South African Journal of Economics, 2014, 82 (1): 1-18.

[13] Autor D, Dorn D, Gordon H. The China Syndrome: Local Labormarket Effects of Import Competition in the United States [J]. American Economic Review, 2013, 103 (6): 2121-2168.

[14] Ayyagari M, Demirguc-Kunt A, Maksimovic V. Small vs. Young Firms Across the World: Contribution to Employment, Job Creation, and Growth [R]. World Bank Policy Research Working Paper, 2011.

[15] Banerjee R, Hofmann B.The Rise of Zombie Firms: Causes and Consequences [R]. BIS Quarterly Review, 2018.

[16] Baines T, Lightfoot H, Benedettini O, et al. The Servitization of Manufacturing: A Review of Literature and Reaction

on Future Challenges [J]. Journal of Manufacturing Technology Management, 2009, 20 (5): 547-567.

[17] Baines T, Lightfoot H. Made to Serve: How Manufacturers Can Compete Through Servitization and Product Service Systems [M]. New York: Wiley, 2013.

[18] Banerjee R, Hofmann B. The Rise of Zombie Firms: Causes and Consequences [J]. BIS Quarterly Review, 2018, 30 (10): 67-78.

[19] Barth J R, Nolle D E, Phumiwasana T, et al. A Cross-Country Analysis of the Bank Supervisory Framework and Bank Performance [J]. Financial Markets, Institutions & Instruments, 2003, 12 (2): 67-120

[20] Baumol W. Entrepreneurial Enterprises, Large Established Firms and Other Components of the Free-market Growth-machine [J]. Small Business Economics, 2004, 23 (1): 9-21.

[21] Baldwin J, Yan B. Global Value Chains and the Productivity of Canadian Manufacturing Firms, Economic Analysis [R]. Statistics Canada Economic Analysis Research Paper Series, 2014.

[22] Bapna S. Complementarity of Signals in Early-stage Equity Investment Decisions: Evidence from a Randomized Field Experiment [J]. Management Science, 2017, 65 (2): 933-952.

[23] Biggs T, Oppenheim J. What Drives the Size Distribution of Firms in Developing Countries [R]. EEPA Discussion Paper No. 6, 1986.

[24] Birchd. Job Creation in America: How Our Smallest Companies Put the Most People to Work [R]. University of Illinois at Urbana-Champaign's Academy for Entrepreneurial Leadership Historical Research Reference in Entrepreneurship, 1987.

[25] Blundell R, Bond S. Initial Conditions and Moment Restrictions in Dynamic Panel Data Models [J]. Journal of Econometrics, 1998, 87 (1): 115-143.

[26] Bo H, Driver C, Lin H-C M.Corporate Investment during the Financial Crisis: Evidence from China [J]. International Review of Financial Analysis, 2014, 35 (C): 1-12.

[27] Boissay F, Gropp R. Payment Defaults and Interfirm Liquidity Provision [J]. Review of Finance, 2013, 17 (6): 1853-1894.

[28] Boschma R, Asier M, Mikel N. The Emergence of New Industries at the Regional Level in Spain. A Proximity Approach Based on Product Relatedness [J]. Economic Geography, 2013, 89 (1): 29-51.

[29] Boschma R, Simona I.Related Variety, Trade Linkages, and Regional Growth in Italy [J]. Economic Geography, 2009, 85 (3): 289-311.

[30] Brabdt L, Biesbroeck J, Zhang Y. Challenges of Working with the Chinese NBS Firm-level Data [J]. China Economic Review, 2014, 30 (10): 339-352.

[31] Brandt L, Van J B, Zhang Y. Creative Accounting or Creative Destruction? Firm Level Productivity Growth Chinese Manufacturing [J]. Journal of Development Economics, 2012, 97 (2): 339-351.

[32] Brixiová Z, Kangoye T, Yogo U.Access to Finance among Small and Medium-sized Enterprises and Job Creation in Africa [J]. Structural Change and Economic Dynamics, 2020, 55 (1): 177-189.

[33] Buciuni G, Pisano G. Variety of Innovation in Global Value Chains [J]. Journal of World Business, 2021, 56 (2): 101-112.

[34] Caballero R, Hoshi I, Kashyap K. Zombie Lending and Depressed Restructuring in Japan [J]. American Economic Review, 2008, 98 (5): 1943-1977.

[35] Caballero R J, Hammour M L. The Cleansing Effect of Recessions [J]. The American Economic Review, 1994, 84 (5): 1350-1368.

[36] Caballero R J, Hammour M L. Creative Destruction and Development: Institutions, Crises, and Restructuring [R]. NBER Working Paper, 2000.

[37] Caballero R, Hoshi I, Kashyap K. Zombie Lending and Depressed Restructuring in Japan [J]. American Economic Review, 2008, 98 (5): 1943-77.

[38] Campbell J R. Entry, Exit, Embodied Technology, and Business Cycles [J]. Review of Economic Dynamics, 1998, 1 (2): 371-408.

[39] Carreira C, Teixeira P, Nieto E. Recovery and Exit of Zombie Firms in Portugal [J]. Small Business Economics, 2021, 14 (8): 101-132.

[40] Carreira C, Teixeira P, Nieto-Carrillo E. Recovery and Exit of Zombie Firms in Portugal [J]. Small Business Economics, 2021, 14 (8): 98-109.

[41] Castaldi C, Frenken K, Los B. Related Variety, Unrelated Variety and Technological Breakthroughs: An Analysis of US State-level Patenting [J]. Regional Studies, 2015, 49 (5): 767-781.

[42] Chang Q, Zhou Y, Liu G, et al. How Does Government Intervention Affect the Formation of Zombie Firms? [J]. Economic Modelling, 2021, 94 (1): 768-779.

[43] Chao S, Guo L, Sun S. Zombie Problem: Normal

Firms' Wastewater Pollution [J]. Journal of Cleaner Production, 2022, 330 (1): 129893.1-13.

[44] Chen S, Sun S T.Political Connections and Investment Efficiency: Evidence from SOEs and Private Enterprises in China [R]. Working Paper of CFRN, 2009.

[45] Chodorow-Reich G. The Employment Effects of Credit Market Disruptions: Firm-Levelevidence from the 2008-2009 Financial Crisis [R]. The Quarterly Journal of Economics, 2014, 129 (1): 1-59.

[46] Chopra A, Kang K, Liang H, et al. Richards From Crisis to Recovery in Korea: Strategy, Achievements, And lessons [M]. Washington, D.C.: International Monetary, 2001.

[47] Christian K, Charlotta W, Daniel K, et al. What Service Transition? Rethinking Established Assumptions About Manufacturers' Service-Led Growth Strategies [J]. Industrial Marketing Management, 2015, 1 (45): 59-69.

[48] Ciuchta M P, Letwin C R, Stevenson R M, et al. Betting on the Coachable Entrepreneur: Signaling and Social Exchange in Entrepreneurial Pitches [J]. Entrepreneurship Theory and Practice, 2018, 42 (6): 860-885.

[49] Cochran W, Rubin D. Controlling Bias in Observational Studies: A Review [J]. Sankhyā: The Indian Journal of Statistics, Series A, 1973, 35 (4): 417-446.

[50] Cohen W M, Levinthal D A.Absorptive Capacity: A New Perspective on Learning and Innovation [J]. Administrative Science Quarterly, 1990, 35 (1): 128-152.

[51] Combes P.Economic Structure and Local Growth: France 1984-1993 [J]. Journal of Urban Economics, 2000, 47 (3):

329-355.

[52] Cooper A C. Technical Entrepreneurship: What Do We Know [J]. R & D Management, 1973, 3 (2): 59-64.

[53] Coreynen W, Matthyssens P V. Boosting Servitization Through Digitization: Pathways and Dynamic Resource Configurations for Manufacturers [J]. Industrial Marketing Management, 2017, 60 (1): 42-53

[54] Cull R, Xu L C. Who Gets Credit? The Behavior of Bureaucrats and State Banks in Allocating Credit to Chinese Stateowned Enterprises [J]. Journal of Development Economics, 2003, 71 (2): 533-559.

[55] Dai Y, Li X, Liu D, et al. Throwing Good Money After Bad: Zombie Lending and the Supply Chain Contagion of Firm Exit [J]. Journal of Economic Behavior and Organization, 2021, 189 (9): 379-402.

[56] Dary S K. Access to Trade Credit by Informal Firms in Ghana: Does Locating in Industrial Cluster and Holding Production/Supply Contract Matter? [J]. Ghana Journal of Development Studies, 2018, 15 (2): 141-167.

[57] Davies A, Brady T, Hobday M. Charting a Path Toward Integrated Solutions [J]. MIT Sloan Management Review, 2006, 47 (3): 39-54.

[58] Davis S J, Haltiwanger J. Gross Job Creation, Gross Job Destruction, and Employment Reallocation [J]. The Quarterly Journal of Economics, 1992, 107 (3): 819-63.

[59] Davis S J, Faberman R J, Haltiwanger J. Labor Market Flows in the Cross Section Andover Time [J]. Journal of Monetary Economics, 2012, 59 (1): 1-18.

[60] Decker R, Haltiwanger J, Jarmin R.The Role of Entrepreneurship in U.S. Job Creation and Economic Dynamism [J]. Journal of Economic Perspectives, 2014, 28 (3): 3-24.

[61] Doms M, Dunne T.Capital Adjustment Patterns in Manufacturing Plants [J]. Review of Economic Dynamics, 1998, 1 (2): 409-429.

[62] Duygan B, Burcu A L, Judit M. Financing Constraintsand Unemployment: Evidence from the Great Recession [R]. Federal Reserve Bank of BostonWorking Paper No. QAU10-6, 2010.

[63] Elhorst J. Dynamic Spatial Panels: Models, Methods and Inferences [J]. Journal of Geographical Systems, 2012, 4(1): 5-28.

[64] Erickson T, Whited T M. Measurement Error and the Relationship between Investment and Q [J]. Journal of Political Economy, 2000, 108 (5): 1027-1057.

[65] Fairlie R W.Entrepreneurship, Economic Conditions, and the Great Recession [J]. Journalof Economics & Management Strategy, 2013, 22 (2): 207-231.

[66] Fazzari S, Hubbard R G, Petersen B C.Financing Constraints and Corporate Investment [J]. Brookings Papers on Economic Activity, 1988, 19 (1): 141-206.

[67] Fazzari S M, Hubbard R G, Petersen B C. Investment-Cash FlowSensitivities are Useful: A Comment on Kaplan and Zingales [J]. Quarterly Journal of Economics, 2000, 115 (2): 695-705.

[68] Ferri G, Liu L.Honor Thy Creditors Beforan Thy Shareholders: Are the Profits of Chinese State-owned Enterprises Real? [J]. Asian Economic Papers, 2010, 9 (3): 50-71.

[69] Teresa C F, Haltiwanger J, Ron S, et al.How Firms Respond to Business Cycles: The Role of Firm Age and Firm Size [J]. IMF Economic Review, 2013, 61 (3): 520-559.

[70] Foster L, Haltiwanger J, Krizan C J. Market Selection, Reallocation, and Restructuring in the US Retail Trade Sector in the 1990s [J] . Review of Economics and Statistics, 2006, 88 (4): 748-758.

[71] Frenken K, Frank V O, Thijs V. Related Variety, Unrelated Variety and Regional Economic Growth [J] . Regional Studies, 2007, 41 (5): 685-697.

[72] Fritsch M.New Business Formation and Regional Development: A Survey and Assessment of the Evidence [J] . Foundations and Trends in Entrepreneurship, 2013, 9 (3): 249-364.

[73] Fukuda S, Nakamura J.Why Did "Zombie" Firms Recover in Japan? [J] . World Economy, 2011, 34 (7): 1124-1137.

[74] Cox D R. Regression Models and Life Tables (With Discussion) [J] . Journal of the Royal Statistical Society Series B, 1972, 34 (2): 187-220.

[75] Gaiotti E.Credit Availability and Investment: Lessons from the "Great Recession" [J] . European Economic Review, 2013, 59 (2): 212-227.

[76] Gallin J H.Net Migration and State Labor Market Dynamics [J] . Journal of Labor Economics, 2004, 22 (1): 1-21.

[77] Gebauer H. Identifying Service Strategies in Product Manufacturing Companies by Exploring Environment-strategy Configurations [J] . Industrial Marketing Management, 2008, 37

(3): 278-291.

[78] Genda Y. Job Creation and Destruction in Japan, 1991-1995 [J]. Journal of the Japanese and International Economies, 1998, 12 (1): 1-23.

[79] Geng Y, Liu W, Wu Y. How Do Zombie Firms Affect China's Industrial Upgrading? [J]. Economic Modelling, 2021, 97 (C): 79-94.

[80] Ge Y, David D, Yu X. Institutions and Participation in Global Value Chains: Evidence from Belt and Road Initiative [J]. China Economic Review, 2020, 61 (1): 23-44.

[81] Giovannia J, Levchenko A. Firm Entry, Trade, and Welfare in Zipf's World [J]. Journal of International Economics, 2013, 89 (2): 283-296.

[82] Glaeser E L, Kerr S P, Kerr W R. Entrepreneurship and Urban Growth: An Empirical Assessment with Historical Mines [R]. NBER Working Paper, 2013.

[83] Paul G, Kovner A, Lerner J, et al. Performance Persistence in Entrepreneurship [J]. Journal of Financial Economics, 2010, 96 (1): 18-32.

[84] Francois G, Kashyap A. Investment Spikes: New Facts and a General Equilibrium Exploration [J]. Journal of Monetary Economics, 2007, 54 (S): 1-22.

[85] Gouveia A, Osterhold C. Fear the Walking Dead: Zombie Firms, Spillovers and Exit Barriers [R]. OECD Productivity Working Papers, 2018.

[86] Criscuolo C, Gal P N, Menon C. The Dynamics of Employment Growth: New Evidence from 18 Countries [R]. OECD Science, Technology and Industry Policy Papers, 2014.

[87] Groizard J, Ranjan P, Rodriguez-Lopez A. Trade Costs and Job Flows: Evidence from Establishment-level Data [J]. Economic Inquiry, 2015, 53 (1): 173-204.

[88] Greene W. Functional Forms for the Negative Binomial Model for Count Data [J]. Economics Letters, 2008, 99 (3): 585-590.

[89] Hansen B E. Threshold Effects in Non-dynamic Panels: Estimation, Testing, and Inference [J]. Journal of Econometric, 1999, 93 (2): 345-368.

[90] Halpern L, Koren M, Szeidl A. Imported Inputs and Productivity [J]. American Economic Review: Papers & Proceedings, 2015, 105 (12): 3660-3703.

[91] Haltiwanger J, Jarmin R, Miranda J. Who Creates Jobs? Small Versus Large Versus Young [J]. The Review of Economics and Statistics, 2013, 95 (2): 347-361.

[92] Hartog M, Ron B, Markku S. The Impact of Related Variety on Regional Employment Growth in Finland 1993-2006: High-Tech Versus Medium Low-Tech [J]. Industry and Innovation, 2012, 19 (6): 459-476.

[93] Hausmann R, Hwang J, Rodrik D. What You Export Matters [J]. Journal of Economic Growth, 2007, 12 (1): 1-25.

[94] Hausmann R, Klinger B. The Structure of the Product Space and the Evolution of Comparative Advantage [R]. Center for International Development Working Paper No. 146, Harvard University, 2007.

[95] Henderson V, Ari K, Matthew T. Industrial Development in Cities [J]. Journal of Political Economy, 1995, 103 (5): 1067-1090.

[96] He Q, LI X, Zhu W. Political Connection and the Walking Dead: Evidence from China's Privately Owned Firms [J]. International Review of Economics and Finance, 2020, 69 (9): 1056-1070.

[97] Hoshi T. Economics of the Living Dead [J]. Japanese Economic Review, 2006, 57 (1): 30-49.

[98] HoshiT, Kashyap K.Japan's Financial Crisis and Economic Stagnation [J]. Journal of Economic Perspectives, 2004, 18 (1): 3-26.

[99] Hoshi T, Kashyap K, Scharfstein D.Corporate Structure, Liquidity, and Investment: Evidence from Japanese Industrial Groups [J]. Quarterly Journal of Economics, 1991, 106 (1): 33-60.

[100] Hopenhayn H A. Entry, Exit, and Firm Dynamics in Long Run Equilibrium [J]. Econometrica, 1992, 60 (5): 1127-1150.

[101] Huang L, Knight A P. Resources and Relationships in Entrepreneurship: An Exchange Theory of the Development and Effects of the Entrepreneur - investor Relationship [J]. Academy of Management Review, 2017, 42 (1): 80-102.

[102] Imai K. A Panel Study of Zombie SMEs in Japan: Identification, Borrowing and Investment Behavior [J]. Journal of The Japanese and International Economies, 2016, 39 (C): 91-107

[103] Ivanka V, Frank W, Andy N. Only the Brave: Product Innovation, Service Business Model Innovation, and Their Impact on Performance [J]. Journal of Product Innovation Management, 2016, 33 (1): 36-52.

[104] Jacobson T, Schedvin E. Trade Credit and the Propagation

of Corporate Failure: An Empirical Analysis [J]. Econometrica, 2015, 83(4): 1315-1371.

[105] Jaskowski M. Should Zombie Lending always be Prevented? [J]. International Review of Economics & Finance, 2015, 40(11): 191-203.

[106] Jacobs J, Ligthart J, Vrijburg H. Dynamic Panel Data Models Featuring Endogenous Interaction and Spatially Correlated Errors [R]. International Center for Public Policy Working Paper Series 0915, Georgia State University, 2009.

[107] Jacobs J. The Economy of Cities [M]. New York: Random House, 1969.

[108] Jaskowski M. Should Zombie Lending Always be Prevented? [J]. International Review of Economics and Finance, 2015, 40(C): 191-203.

[109] Jones C. Intermediate Goods and Weak Links in the Theory of Economic Development [J]. American Economic Journal: Macroeconomics, 2011, 3(2): 1-28.

[110] Kane E. The S and L Insurance Mess: How Did It Happen? [M]. Washigton, DC: The Urban Insitute, 1989.

[111] Kaplan E L, Meier P. Nonparametric Estimation from Incomplete Observations [J]. Journal of American Statistical Association, 1958, 53(282): 457-481.

[112] Kaplan S, Zingales L. Do Investment-cash Flow Sensitivities Provide Useful Measures of Financing Constraints? [J]. Quarterly Journal of Economics, 1997, 112(1): 169-215.

[113] Kaplan S, Zingales L. Do Financing Constraints Explain Why Investment is Correlated with Cash Flow? [J]. Quarterly Journal of Economics, 1997, 112(1): 169-215.

[114] Kerr W, Nanda R.Democratizing Entry: Banking Deregulations, Financing Constraints, and Entrepreneurship [J]. Journal of Financial Economics, 2009, 94 (1): 124-149.

[115] Klette T J, Mathiassen A. Job Creation, Job Destruction and Plant Turnover in Norvegian Manufacturing [R]. Annales d'Économie et de Statistique, 1996.

[116] Kowalkowski C, Kindström D, Alejandro T, et al. Service Infusion as Agile Incrementalism in Action [J]. Journal of Business Research, 2012, 65 (6): 765-772.

[117] Kremer S, Alexander B, Nautz D. Inflation and Growth: New Evidence from a Dynamic Panel Threshold Analysis [J]. Empir Economy, 2013, 44 (2): 861-878.

[118] Kukenova M, Monteiro J. Spatial Dynamic Panel Model and System GMM: A Monte Carlo Investigation [R]. IRENE Working Papers, 2009.

[119] Kremp E, Sevestre P. Did the Crisis Induce Credit Rationing for French SMEs? [J]. Journal of Banking and Finance, 2013, 37 (10): 3757-3772.

[120] Kurz C. Senses M. Importing, Exporting, and Firm-level Employment Volatility [J]. Journal of International Economics, 2016, 98 (1): 160-175.

[121] Kwon H, Narita F, Narita M. Resource Reallocation and Zombie Lending in Japan in the 1990s [J]. Review of Economic Dynamics, 2015, 18 (4): 709-732.

[122] Laeven L, Valencia F.The Real Effects of Financial Sector Interventions during Crises [J]. Journal of Money, Credit and Banking, 2013, 45 (1): 147-177.

[123] Lamothe O, Colovic A. Do Demographics Influence

Aggregate Entrepreneurship? [J]. Applied Economic Letters, 2013, 20 (13): 1206-1210.

[124] Latham W, Le B C. The Economics of Persistent Innovation: An Evolutionary View [M]. Berlin: Springer, 2006.

[125] Lawless M. Age or Size? Contributions to Job Creation [J]. Small Business Economics, 2014, 42 (4): 815-830.

[126] Lee N, Clarke S. Do Low-skilled Workers Gain from High-tech Employment Growth? High Technology Multipliers, Employment and Wages in Britain [J]. Research Policy, 2019, 48 (9): 103803.

[127] Lepetit L, Strobel F, Dickinson D G. Does Uncertainty Matter for Loan Charge-offs? [J]. Journal of International Financial Markets, Institutions and Money, 2012, 22 (2): 264-277.

[128] Li C, Lu J. R&D, Financing Constraints and Export Green-sophistication in China [J]. China Economic Review, 2018, 47 (2): 234-244.

[129] Liu G Q, Zhang X J, Zhang W, et al. The Impact of Government Subsidies on the Capacity Utilization of Zombie Firms [J]. Economic Modelling, 2019, 83 (C): 51-64.

[130] Liu Q, Lu R S, Yang C. International Joint Ventures and Technology Diffusion: Evidence from China [J]. The World Economy, 2020, 43 (1): 146-169.

[131] Long C, Zhang X. Cluster-Based Industrialization in China: Financing and Performance [J]. Journal of International Economics, 2011, 84 (1): 112-123.

[132] Lu Y, Lu Y L, Xie R, et al. Does Global Value Chain Engagement Improve Firms' Wages: The Empirical Evidence from China [J]. The World Economy, 2019, 42 (10): 3065-3085.

[133] Machado J, Silva J. Quantiles Via Moments [J]. Journal of Econometrics, 2019, 213 (1): 145-173.

[134] Maes J P, Reed L R.State of the Microcredit Summit Campaign Report 2011 [R]. OECD Economics Department Working Papers, 2012.

[135] Máñez A, Rochina-Barrachina M, Sanchis-Llopis J, et al. The Determinants of R&D Persistence in SMEs [J]. Small Business Economy, 2015, 44 (1): 505-528.

[136] Mcgowan M, Dan A, Millot V. The Walking Dead: Zombie Firms and Productivity Performance in OECD Countries [R]. OECD Economics Department Working Papers, 2017.

[137] Melitz M, Polanec S. Dynamic Olley-pakes Productivity Decomposition with Entry and Exit [J]. The Rand Journal of Economics, 2015, 46 (2): 362-375.

[138] Mina A, Santoleri P. The Effect of the Great Recession on the Employment Growth of Young vs. Smallfirms in the Eurozone [J]. Structural Change and Economic Dynamics, 2021, 56 (5): 184-194.

[139] Moscarini G, Fabien P V.The Contribution of Large and Small Employersto job Creation in Times of High and Low Unemployment [J]. American Economic Review, 2012, 102(6): 2509-2539.

[140] Mrożewski M, Kratzer J. Entrepreneurship and Country-level Innovation: Investigating the Role of Entrepreneurial Opportunities [J]. The Journal of Technology Transfer, 2017, 42 (5): 1125-1142.

[141] Nunn N, Qian N. US Food Aid and Civil Conflict [J]. American Economic Review, 2014, 104 (6): 1630-1666.

[142] Neumark D, Zhang J F, Ciccarella S.The Effects of

Walmart on Local Labormarkets [J]. Journal of Urban Economics, 2008, 63 (2): 405-430.

[143] Pagano M. Financial Markets and Growth: An Overview [J]. European Economic Review, 1993, 37 (2): 613-662.

[144] Papava V. The Problem of Zombification of the Postcommunist Necroeconomy [J]. Problems of Economic Transition, 2010, 53 (4): 35-51.

[145] Peek J E, Rosengren S. Unnatural Selection: Perverse Incentives and the Misallocation of Credit in Japan [J]. American Economic Review, 2005, 95 (4): 1144-1166.

[146] Petersen M A, Rajan R G. The Effect of Credit Market Competition on Lending Relationships [J]. The Quarterly Journal of Economics, 1995, 110 (2): 407-44.

[147] Mitchell A, Raghuram R. The Benefits of Lending Relationships: Evidence from Small Business Data [J]. Journal of Finance, 1994, 49 (1): 3-37.

[148] Petersen M A, Rajan R G. Does Distance still Matter? The Information Revolution in Small Business Lending [J]. Journal of Finance, 2002, 57 (6): 2533-2570.

[149] Petrin A, Reiter J, White T K. The Impact of Plant-level Resource Reallocations and Technical Progress on U.S. Macroeconomic Growth [J]. Review of Economic Dynamics, 2011, 14 (2): 3-26.

[150] Puri M, Zarutskie R. On the Lifecycle Dynamics of Venture-capital and Non-Venture-capital-financed Firms [J]. Journal of Finance, 2012, 67 (6): 2247-2293.

[151] Rajan R G. Insiders and Outsiders: The Choice between Informed and Arm's-length Debt [J]. The Journal of Finance, 1992, 47 (4): 1367-1400.

[152] Rajan R L. Zingales, Financial Dependence and Growth [J]. American Economic Review, 1998, 88 (3): 559-586.

[153] Rajan R, Zingales L.Financial Dependence and Growth [J]. American Economic Review, 1998, 88 (3): 559-86.

[154] Rauh J D.Investment and Financing Constraints: Evidence from the Funding of Corporate Pension Plans [J]. Journal of Finance, 2006, 61 (1): 33-71.

[155] Rijkers B, Arourib H, Freund C, et al. Which Firms Create the Most Jobs in Developing Countries? Evidence from Tunisia [J]. Labour Economics, 2015, 31 (11): 84-102.

[156] Alicia M R, David T R.The Capital Structure Decisions of New Firms [J]. Reviewof Financial Studies, 2014, 27 (1): 153-179.

[157] Scellato G.Patents, Firm Size and Financial Constraints: An Empirical Analysis for a Sample of Italian Manufacturing Firms [J]. Cambridge Journal of Economics, 2007, 31 (1): 55-76.

[158] Schivardi F, Sette E, Tabellini G. Credit Misallocation During the European Financial Crisis [R]. CESIFO Working Paper, 2017.

[159] Rosenbaum P, Rubin D. The Central Role of the Propensity Score in Observational Studies for Causal Effects [J]. Biometrika, 1983, 70 (1): 41-55.

[160] Saiz A.The Geographic Determinants of Housing Supply [J]. Quarterly Journal of Economics, 2010, 125 (3): 1253-1296.

[161] Raven E S, Abigail W.Labor Reallocation over the Business Cycle: New Evidence from Internal Migration [J]. Journal of Labor Economics, 2011, 29 (4): 697-739.

[162] Schivardi F, Sette E, Tabellini G.Credit Misallocation during the European Financial Crisis [R]. BIS Working Papers, 2017.

[163] Schumpeter J A. Capitalism, Socialism and Democracy [M]. New York: Harper and Brothers, 1942.

[164] Shen G, Chen B. Zombie Firms and Over-capacity in Chinese Manufacturing [J]. China Economic Review, 2017, 44 (3): 327-342.

[165] Shen Y, Ren M, Zhao J. Bank Competition and Zombie Company: Empirical Evidence from China [J]. Economic Analysis and Policy, 2023 (80): 297-318.

[166] Shin H, Park S.Financing Constraints and Internal Capital Markets: Evidence from Korean' Chaebols [J]. Journal of Corporate Finance, 1999, 5 (2): 169-191.

[167] Siemer M. Employment Effects of Financial Constraints During the Great Recession [J]. The Review of Economics and Statistics, 2019, 101 (1): 16-29.

[168] Slesman L, Abubakar Y A, Mitra J. Foreign Direct Investment and Entrepreneurship: Does the Role of Institutions Matter? [J]. International Business Review, 2021, 30 (4): 101774.

[169] Storz M, Koetter M, Setzer R, et al. Do We Want These Two to Tango? On Zombie Firms and Stressed Banks in Europe [R].ECB Working Papers, 2017.

[170] Suarez F, Cusumano M, Kahl S. Services and the Business Models of Product Firms: An Empirical Analysis of the Software Industry [J]. Management Science, 2013, 59 (2): 420-435.

[171] Szerb L, Lafuente E, HorváthK, et al. The Relevance of Quantity and Quality Entrepreneurship for Regional Performance: the Moderating Role of the Entrepreneurial Ecosystem [J]. Regional Studies, 2019, 53 (9): 1308-1320.

[172] Tan Y, Huang Y, Woo W T.Zombie Firms and the Crowding-out of Private Investment in China [J]. Asian Economic Papers, 2016, 15 (3): 32-55.

[173] Tavassoli S, Karlsson C. The Role of Regional Context on Innovation Persistency of Firms [J]. Papers in Regional Science, 2017, 29 (5): 1-25.

[174] Upward R, Wang Z, Zheng J. Weighing China's Export Basket: The Domestic Content and Technology Intensity of Chinese Exports [J]. Journal of Comparative Economics, 2013, 41 (2): 527-543.

[175] Urionabarrenetxea S, Garcia-Merino J L, Retolaza J. Living with Zombie Companies: Do We Know Where the Threat Lies? [J]. European Management Journal, 2018, 36 (3): 408-420.

[176] Vandermerwe S, Rad J.Servitization of Business: Adding Value by Adding Services [J]. European Management Journal, 1988, 6 (4): 314-324.

[177] Van Oort F, de Geus S, Dogaru T. Related Variety and Regional Economic Growth in A Cross-section of European Urban Regions [J]. European Planning Studies, 2014, 6 (4): 1110-1127.

[178] Visnjic I, Wiengarten F, Neely A. Only the Brave: Product Innovation, Service Business Model Innovation, and Their Impact on Performance [J]. Journal of Product Innovation Management, 2014, 11 (1): 78-92.

[179] Wang S, He Y, Song M.Global Value Chains, Technological Progress and Environmental Pollution: Inequality towards Developing Countries [J]. Journal of Environmental Management, 2021, 277 (1): 1-14.

[180] Wu G L. Capital Misallocation in China: Financial Frictions or Policy Distortions [J]. Journal of Development Economics, 2018, 130 (1): 203-223.

[181] Wu J, Xing B, An Q, et al.Total-factor Energy Efficiency Evaluation of Chinese Industry by Using Two-stage DEA Model with Shared Inputs [J]. Annals of Operations Research, 2017, 255 (1): 257-276.

[182] Wu Q, Chang S, Bai C, et al. How Do Zombie Enterprises Hinder Climate Change Action Plans in China? [J]. Energy Economics, 2023, 124 (8): 106854.

[183] Wu W, Firth M, Rui O. Trust and the Provision of Trade Credit [J]. Journal of Banking Finance, 2014, 39 (1): 146-159.

[184] Xu N, Xu X, Yuan Q. Political Connections, Financing Friction, and Corporate Investment: Evidence from Chinese Listed Family Firms [J]. European Financial Management, 2013, 19 (4): 675-702.

[185] Zhou Y, He C, Zhu S. Does Creative Destruction Work for Chinese Regions? [J]. Growth and Change, 2017, 48 (3): 274-296.

[186] Zhang X, Huang B. Does Bank Competition Inhibit the Formation of Zombie Firms? [J]. International Review of Economics and Finance, 2022, 80 (C): 1045-1060.

[187] 白俊红，王林东.政府科技资助与中国工业企业全

要素生产率——基于空间计量模型的研究[J].中国经济问题,2016(3):3-16.

[188]白俊红,张艺璇,卞元超.创新驱动政策是否提升城市创业活跃度——来自国家创新型城市试点政策的经验证据[J].中国工业经济,2022(6):61-78.

[189]陈冬华.地方政府、公司治理与补贴收入——来自中国证券市场的经验证据[J].财经研究,2003(9):15-21.

[190]陈瑞华,周峰,刘莉亚.僵尸企业与企业创新:银行竞争的视角[J].经济管理,2020(12):5-22.

[191]冯芸,刘艳琴.上市公司退市制度实施效果的实证分析[J].财经研究,2009(1):133-143.

[192]陈柳钦.产业集群的创新、合作竞争和区域品牌效应分析[J].兰州商学院学报,2008(1):71-76.

[193]程虹,胡德状."僵尸企业"存在之谜:基于企业微观因素的实证解释[J].宏观质量研究,2016(1):7-25.

[194]戴若尘,祝仲坤,张晓波.中国区域创新创业指数构建与空间格局:1990—2020[R].北京大学企业大数据研究中心工作论文,2021.

[195]戴静,杨筝,刘贯春,等.银行业竞争、创新资源配置和企业创新产出——基于中国工业企业的经验证据,金融研究,2020(2):51-70.

[196]戴魁早,刘友金.要素市场扭曲如何影响创新绩效[J].世界经济,2016(11):54-79.

[197]戴魁早,刘友金.要素市场扭曲与创新效率——对中国高技术产业发展的经验分析[J].经济研究,2016(7):72-86.

[198]杜丹清.互联网助推消费升级的动力机制研究[J].经济学家,2017(3):48-54.

[199]付帼,卢小丽,武春友.中国省域绿色创新空间格局

演化研究［J］．中国软科学，2016（7）：89-99．

［200］樊纲，王小鲁，朱恒鹏．中国市场化指数：各地区市场化相对进程2011年报告［M］．北京：经济科学出版社，2010．

［201］方建国，尹丽波．技术创新对就业的影响：创造还是毁灭工作岗位［J］．中国人口科学，2012（6）：34-43．

［202］方明月，张雨潇，聂辉华．中小民营企业成为僵尸企业之谜［J］．学术月刊，2018（3）：75-86．

［203］高超，蒋为．中小银行、金融结构与居民创业［J］．南开经济研究，2021（3）：17-32．

［204］高翔，黄建忠，袁凯华．价值链嵌入位置与出口国内增加值率［J］．数量经济与技术经济研究，2019（6）：41-61．

［205］龚关，胡关亮．中国制造业资源配置效率与全要素生产率［J］．经济研究，2013（4）：4-29．

［206］郭东杰．中国细分行业的就业创造研究［J］．中国人口科学，2012（3）：78-85．

［207］郭东杰，邵琼燕．中国制造业细分行业就业创造能力与比较优势研究［J］．经济学家，2012（1）：41-48．

［208］黄少卿，施浩，等．基础设施投资：资金来源、投资效率和地方财政风险［M］．上海：上海人民出版社，2014．

［209］黄先海，金泽成，余林徽．出口、创新与企业加成率：基于要素密集度的考量［J］．世界经济，2018（5）：125-146．

［210］贾俊雪．税收激励、企业有效平均税率与企业进入［J］．经济研究，2014（7）：94-109．

［211］简泽．企业间的生产率差异、资源再配置与制造业部门的生产率［J］．管理世界，2011（5）：67-78．

［212］简泽．市场扭曲、跨企业的资源配置与制造业部门的生产率［J］．中国工业经济，2011（1）：43-50．

［213］江小涓．国有企业的能力过剩、退出及退出援助政

策[J].经济研究,1995(2):47-55.

[214] 李江龙,徐斌."诅咒"还是"福音":资源丰裕程度如何影响中国绿色经济增长?[J].经济研究,2018(9):151-167.

[215] 蒋为.增值税扭曲、生产率分布与资源误置[J].世界经济,2016(1):90-101.

[216] 李静.制造业投入服务化与企业创新[J].科研管理,2020(7):61-69.

[217] 李平,简泽,江飞涛.进入退出、竞争与中国工业部门的生产率[J].数量经济与技术经济研究,2012(9):56-73.

[218] 李文秀,夏杰长.基于自主创新的制造业与服务业融合:机理与路径[J].南京大学学报(哲学·人文科学·社会科学版),2012(2):60-67.

[219] 李子豪,毛军.地方政府税收竞争、产业结构调整与中国区域绿色发展[J].财贸经济,2018(12):142-157.

[220] 赖永剑,贺祥民.银行业竞争有利于降低资本误置吗?——基于连续型倍差法的实证检验[J].云南财经大学学报,2019(3):63-74.

[221] 赖永剑,伍海军.企业间要素重配能够提升中国制造业的生产率么?[J].产业经济研究,2013(8):67-90.

[222] 李平,季永宝.要素价格扭曲是否抑制了我国自主创新?[J].世界经济研究,2014(1):44-56.

[223] 李明明,刘海明.银行业竞争对企业投融资期限错配的影响研究,国际金融研究2022(7):68-76.

[224] 李小平,李小克.企业家精神与地区出口比较优势[J].经济管理,2017(3):66-81.

[225] 李曙光,王佐发.中国《破产法》实施三年的实证分析——立法预期与司法实践的差距及其解决路径[J].中国政法大学学报,2011(2):58-79.

[226] 龙小宁, 张晶, 张晓波. 产业集群对企业履约和融资环境的影响[J]. 经济学（季刊）, 2015（4）：1563-1590.

[227] 吕越, 黄艳希, 陈勇兵. 全球价值链嵌入的生产率效应：影响与机制分析[J]. 世界经济, 2017（7）：28-57.

[228] 吕云龙, 吕越. 制造业出口服务化与国际竞争力——基于增加值贸易的视角[J]. 国际贸易问题, 2017（5）：25-34.

[229] 罗德明, 李晔, 史晋川. 要素市场扭曲、资源错置与生产率[J]. 经济研究, 2012（3）：4-14.

[230] 林梨奎. 对外直接投资、全球价值链分工与出口持续概率[J]. 统计与信息论坛, 2020（12）：72-80.

[231] 林伯强, 杜克锐. 要素市场扭曲对能源效率的影响[J]. 经济研究, 2013（9）：125-136.

[232] 刘斌, 魏倩, 吕越, 等. 制造业服务化与价值链升级[J]. 经济研究, 2016（3）：151-162.

[233] 刘翠花. 数字经济对产业结构升级和创业增长的影响[J]. 中国人口科学, 2022（2）：112-128.

[234] 刘遵义, 钱颖一. 关于中国的银行与企业财务重组的建议[J]. 改革, 1994（6）：25-38.

[235] 陆建桥. 中国亏损上市公司盈余管理实证研究[J]. 会计研究, 1999（9）：25-35.

[236] 马弘, 乔雪, 徐嫄. 中国制造业的就业创造与就业消失[J]. 经济研究, 2013（12）：68-80.

[237] 马天明, 吴昌南. 要素价格扭曲对企业家精神影响的实证分析[J]. 统计与决策, 2017（12）：175-178.

[238] 马述忠, 张洪胜. 集群商业信用与企业出口[J]. 经济研究, 2017（1）：13-27.

[239] 毛其淋. 要素市场扭曲与中国工业企业生产率[J]. 金融研究, 2013（2）：156-169.

［240］茅锐.产业集聚和企业的融资约束［J］.管理世界，2015（2）：58-71.

［241］毛文峰，陆军.土地要素错配如何影响中国的城市创新创业质量——来自地级市城市层面的经验证据［J］.产业经济研究，2020（3）：17-29.

［242］孟宏玮，赵华平.公共不动产质量结构对中国城市创业质量的影响研究［J］.城市问题，2022（5）：37-46.

［243］聂辉华，贾瑞雪，中国制造业企业生产率与资源误置［J］.世界经济，2011（7）：27-42.

［244］聂辉华，江艇，张雨潇，等.我国僵尸企业的现状、原因与对策［J］.宏观经济管理，2016（9）：63-68+88.

［245］彭徽，匡贤明.中国制造业与生产性服务业融合到何程度［J］.国际贸易问题，2019（10）：100-116.

［246］齐玮娜，张耀辉.区域环境差异与创业质量的"马太效应"——基于动态面板模型的SYS-GMM检验经济管理［J］.2015（7）：35-44.

［247］钱丽，王文平，肖仁桥.共享投入关联视角下中国区域工业企业绿色创新效率差异研究［J］.中国人口·资源与环境，2018（5）：27-39.

［248］钱学锋，王胜，陈勇兵.中国的多产品出口企业及其产品范围：事实与解释［J］.管理世界，2013（1）：9-27.

［249］任曙明，吕镯.融资约束、政府补贴与全要素生产率——来自中国装备制造企业的实证研究［J］.管理世界，2014（11）：10-23.

［250］沈能.环境规制对区域技术创新影响的门槛效应［J］.中国人口·资源与环境，2012（6）：12-16.

［251］盛丹，王永进.产业集聚、信贷资源配置效率与企业的融资成本［J］.管理世界，2013（6）：85-98.

[252] 孙宁华，堵溢，洪永淼. 劳动力市场扭曲、效率差异与城乡收入差距 [J]. 管理世界，2009（9）：44-52.

[253] 孙晓华，柴玲玲. 相关多样化、无关多样化与地区经济发展 [J]. 中国工业经济，2012（6）：5-17.

[254] 邵帅，尹俊雅，范美婷，等. 僵尸企业与低碳转型发展：基于碳排放绩效的视角 [J]. 数量经济技术经济研究，2022（10）：89-108.

[255] 宋马林，金培振. 地方保护、资源错配与环境福利绩效 [J]. 经济研究，2016（12）：47-61.

[256] 谭语嫣，谭之博，黄益平，等. 僵尸企业的投资挤出效应：基于中国工业企业的证据 [J]. 经济研究，2017（5）：175-188.

[257] 王彩明，李健. 中国区域绿色创新绩效评价及其时空差异分析——基于2005—2015年的省际工业企业面板数据 [J]. 科研管理，2019（6）：29-42.

[258] 汪德华，江静，夏杰长. 生产性服务业与制造业融合对制造业升级的影响——基于北京市与长三角地区的比较分析 [J]. 首都经济贸易大学学报，2010（2）：15-22.

[259] 王文成. 全球价值链嵌入对我国企业创新的影响 [J]. 改革，2018（6）：150-158.

[260] 王永进，盛丹. 地理集聚会促进企业间商业信用吗 [J]. 管理世界，2013（1）：101-114.

[261] 王永钦，李蔚，戴芸. 僵尸企业如何影响了企业创新？——来自中国工业企业的证据 [J]. 经济研究，2018（11）：99-114.

[262] 王小鲁，樊纲，余静文. 中国分省份市场化指数报告（2016）[M]. 北京：社会文献出版社，2017.

[263] 王芃，武英涛. 能源产业市场扭曲与全要素生产率 [J].

经济研究，2014（6）：142-155.

［264］王雅琦，卢冰.汇率变动、融资约束与出口企业研发［J］.世界经济，2018（7）：75-97.

［265］王永钦，李蔚，戴芸.僵尸企业如何影响了企业创新？——来自中国工业企业的证据［J］.经济研究，2018（11）：99-114.

［266］魏浩，李晓庆.进口投入品与中国企业的就业变动［J］.统计研究，2018（1）：43-52.

［267］魏志华，李常青，王毅辉.中国上市公司年报重述分析：1999—2007［J］.证券市场导报，2009（6）：31-38.

［268］吴翌琳.我国技术创新的就业创造机制研究［J］.宏观经济研究，2016（1）：20-31.

［269］肖兴志，黄振国.僵尸企业如何阻碍产业发展：基于异质性视角的机理分析［J］.世界经济，2019（2）：122-146.

［270］姚战琪.生产率增长与要素再配置效率：中国的经验研究［J］.经济研究，2009（11）：130-143.

［271］姚毓春，袁礼，董直庆.劳动力与资本错配效应：来自十九个行业的经验证据［J］.经济学动态，2014（6）：9.

［272］杨艳萍，尚明利.风险投资对高新技术企业融资约束的影响研究——基于中国上市公司的面板数据［J］.科技管理研究，2019（22）：227-236.

［273］杨来峰，熊家财.利率市场化、劳动力雇佣与"稳就业"效应——来自贷款利率完全放开的准自然实验［J］.山西财经大学学报，2022（9）：31-44.

［274］于明超，吴淑媛.要素市场扭曲与家庭创业——基于中国家庭追踪调查（CFPS）数据的实证分析［J］.云南财经大学学报，2020（1）：78-88.

［275］余明桂，回雅甫，潘红波.政治联系、寻租与地方政

府财政补贴有效性[J].经济研究,2010(3):65-77.

[276] 张栋,谢志华,王靖雯.中国僵尸企业及其认定——基于钢铁业上市公司的探索性研究[J].中国工业经济,2016(11):90-107.

[277] 张虎,韩爱华.制造业与生产性服务业耦合能否促进空间协调[J].统计研究,2019(1):39-50.

[278] 张杰,郑文平,翟福昕.融资约束影响企业资本劳动比吗?——中国的经验证据[J]经济学(季刊),2016(3):1029-1056.

[279] 张宽,黄凌云.贸易开放、人力资本与自主创新能力[J].财贸经济,2019(12):112-127.

[280] 张璇,高金凤,李春涛.银行业竞争与资源错配——来自中国工业企业的证据[J].国际金融研究,2020(6):54-63.

[281] 张璇,李金洋.僵尸企业、退出行为和资源错配——来自中国工业企业的证据[J].经济学动态,2019(3):74-90.

[282] 张杰,周晓艳,李勇.要素市场扭曲抑制了中国企业R&D?[J].经济研究,2011(8):78-91.

[283] 张杰,周晓艳,郑文平,等.要素市场扭曲是否激发了中国企业出口[J].世界经济,2011(8):136-162.

[284] 张三峰,张伟.融资约束、金融发展与企业雇佣——来自中国企业调查数据的经验证据[J].金融研究,2016(10):111-126.

[285] 张开迪,吴群锋,高建,等.外商直接投资对大众创业的影响[J].中国工业经济,2018(12):79-96.

[286] 周小亮,吴武林.中国包容性绿色增长的测度及分析[J].数量经济技术经济研究,2018(8):3-20.

[287] 祝树金,谢煜,段凡.制造业服务化、技术创新与企业出口产品质量[J].经济评论,2019(6):3-16.

［288］赵建春，毛其淋．进口自由化如何影响中国制造业企业的创新活动？［J］．世界经济研究，2015（12）：78-88．

［289］赵涛，张智，梁上坤．数字经济、创业活跃度与高质量发展——来自中国城市的经验证据［J］．管理世界，2020（10）：65-76．

［290］周洪生，冯鹏玉．析简易破产程序的设立［J］．法学，2004（11）：117-122．

［291］朱鹤，何帆．中国僵尸企业的数量测度及特征分析［J］．北京工商大学学报（社会科学版），2016（4）：116-126．

［292］朱舜楠，陈琛．"僵尸企业"诱因与处置方略［J］．改革，2016（3）：110-119．

［293］左翔，黄家和．市场化进程、劳动者社群网络与城市内资源误置［J］．财经研究，2021（8）：49-63．